KB141734

십대,
꿈을 이루어주는
습관의 힘

십대, 꿈을 이루어주는

습관의 힘

초판 1쇄 펴낸날 | 2020년 3월 15일

지은이 | 이충호
펴낸이 | 이종근
펴낸곳 | 피플앤북스
공급처 | 도서출판 하늘아래

주소 | 경기도 고양시 하늘마을로 57-9, 301, 302호
전화 | 031-976-3531
팩스 | 031-976-3530
이메일 | haneulbook@naver.com

등록번호 | 제300-2006-23호

ISBN 979-11-5997-031-3(43190)

좋은 습관 트레이닝이 꿈을 이루는 가장 좋은 무기와 힘이다

십대,
꿈을 이루어주는
습관의 힘

이충호 지음

생각은 행동을 바꾸고

|

행동은 습관을 바꾸고

|

습관은 운명을 바꾼다

피플앤북스

때를 놓치지 말고
좋은 습관을 길들이자

습관은 운명을 결정하는 놀라운 힘을 가지고 있다. 습관은 우리의 생각과 행동을 지배하고 생활을 지배하며 성격을 형성하고 운명까지도 좌우한다.

습관은 이처럼 무서운 힘으로 사람을 지배한다. 그래서 어느 철학자는 '습관은 폭군 같다'고 말하기도 했다. 우리가 매일 취하는 행동의 95%는 습관으로부터 나온다고 할 만큼 인간은 습관의 묶음인 것이다. 문제는 그 습관이 어떤 것인가 하는 것이다.

좋은 습관은 그것으로 인해 자기의 능력을 향상시키고 행복한 삶을 누리며 성공의 길을 걷게 되지만, 나쁜 습관은 그것 때문에 능력이 저하되고 불행한 삶을 살며 실패의 길을 걷게 된다. 그런데 습관은 만들기는 쉬우나 한번 만든 다음에는 고치기가 무척이나 어렵다. 그래서 우리는 한번 몸에 밴 습관은 고치기가 어렵다는 사실을 인식하고, 적극적으로 좋은 습관을 만드는 데 힘써야 하며, 동시에 나쁜 습관이 있다면 빨리 고치도록 노력해야 한다. 습관을 만드는 데는 때가 있고 적절한 시기가 있다. 감수성과 흡수력과 성장력이 왕성한 어린 시절과 젊은 시절에 될수록 좋은 습관을 많이 길들여야 한다.

그러면 우리는 어떤 습관을 길들여야 할까? 우리는 무슨 일이나 긍정적으로 낙관적으로 보는 사고와 감정의 습관을 길들여야 한다. 어떤 습관을 길들여야 하는가는 각자의 소신에 따라 견해를 달리 할 수 있겠지만, 여기서는 10대들이 꼭 길들여야 할 바람직한 습관 42가지를 제시했다. 이 기본이 되는 습관 중에서 이것만은 꼭 길러야겠다는 몇 가지를 우선 선정해 집중적으로 실천해 보기를 권한다.

인생의 첫 출발점에 서 있는 10대로서 바람직한 습관을 꾸준한 실천을 통해 습관화해 나가려는 노력이 무엇보다 필요한 때이다.

굳은 의지와 용기를 가지고 자기와의 싸움을 시작해 보자.

때를 놓치지 말고 바람직한 좋은 습관을 길들이자.

그 습관적 행위가 여러분의 삶을 향상시키고 풍요롭게 해 줄 것이며, 또 꿈을 이루는 데 가장 좋은 무기가 되어 줄 것이다.

저자 이충호

3

긍정적인 생각을 키위기 위한
좋은 습관

4

인간관계를 원만하게 하는
좋은 습관

5
꿈을 이루기 위한
좋은 습관

1

습관의 의미

습관이 운명을 좌우한다 / 습관에는 어떤 특성이 있을까?
운명을 바꾸려면 생각을 바꿔야 한다 / 바람직한 습관을 어떻게 길들일까?

습관이 운명을 좌우한다

습관이라는 함정에 빠진 코끼리

코끼리는 지구상에 서식하고 있는 동물 중에서 몸집이 가장 크고 힘이 센 동물로, 아프리카 대륙과 서남아시아의 밀림 지대에서 백수의 왕으로 군림하며 살고 있다.

그러나 이처럼 엄청난 힘을 가진 코끼리도 서커스 공연장에 가 보면 그 큰 덩치가 조그만 말뚝에 묶여 힘없이 서 있는 모습을 보게 된다. 그 엄청난 힘을 가진 지상 최대의 동물이 왜 자기가 가진 힘을 발휘하지 못하고 힘 빠진 강아지처럼 자기 덩치의 몇 십 분의 일에도 못 미치는 사람들에게 조종당하며 살고 있는 것일까?

그것은 습관이란 함정에 빠져 헤어나지 못하고 있기 때문이다. 코끼리는 힘이 약할 때부터 말뚝에 묶여 있었고, 어린 코끼리는 묶여 있는 것이 싫어서 어떻게든 벗어나려고 발버둥을 쳐 보지만, 말뚝을 뽑기엔 힘이 모자란다. 그래서 몇 번이고 말뚝에서 벗어나려고 시도하지만, 결국 불가능하다는 사실을 깨닫고 끝내는 포기하고 만다. 이런 과정을 거치면서 코끼리는 이른바 후천적 무력감을 학습하게 되고 결국은 세월이 흘러 성장하며 몸집도 커지고 힘도 강해지지만, 더 이상 말뚝을 뽑으려는 시도를 하지 않게 된다. 어릴 때의 기억 때문에 자신에게는 그 말뚝을 뽑아 버릴 힘이 없다고 생각하는 것이다.

그래서 다 성장한 후에도 말뚝이 아니라 가느다란 밧줄로 나뭇가지에 묶어 놔도 도망가지를 못하고 평생을 묶여만 있는 것이다.

이 코끼리의 이야기는 우리 자신들의 이야기일 수도 있다. 습관이라는 함정에 빠져 허우적거리는 코끼리처럼 우리들도 타고난 능력을 발휘하지 못하고 맥없이 살아가고 있지는 않는지 한번쯤 자신을 되돌아 볼 기회를 갖기를 바란다.

작은 말뚝에 묶인 코끼리처럼 살아갈 것인가, 아니면 말뚝을 뽑고 자유를 누릴 것인가.

습관은 인생을 지배하는 놀라운 힘

이 코끼리 이야기는 우리들에게 시사해 주는 바가 크다. 강한 힘을 가진 거대한 동물이 작은 말뚝에 묶여 아무 희망도 없이 모든 것을 단념한 채, 사람들의 노리개로 조롱당하고 있는 모습을 보면서 습관이란 것이 얼마나 무서운 것인가를 새삼 깨닫게 된다.

'세 살 버릇이 여든까지 간다'는 속담이 있다. 어릴 때 만들어진 버릇은 늙도록 고쳐지지 않는다는 말이다. 또 비슷한 말로 '제 버릇 개 줄까'라는 속담도 있다. 한번 습관이 만들어지면 좀처럼 그 습관에서 벗어나기가 어렵다는 경고의 말이다.

습관은 이처럼 무서운 힘으로 사람을 지배한다. 그래서 어떤 철학자는 '습관은 폭군과 같다'고 말하기도 했다. 그렇다. 습관은 폭군처럼 무서운 힘을 가지고 있다. '그까짓 습관쯤이야' 하고 우리는 습관을 얕잡아 보기 쉽다. 그러나 결코 그렇지가 않다. 우리는 습관의 지배에서 벗어나기가 얼마나 어려운가를 우리 주위에서 얼마든지 찾아 볼 수 있다.

담배 피우는 습관이 생긴 사람 중에서 담배 끊기로 결심하고 끊는 데 성공하는 사람은 백 명 중에 두세 명 밖에 안 된다고 한다. 그 만큼 담배 끊기가 힘든 것이다. 술이나 도박도 마찬가지다. 습관을 고치는 일은 이처럼 어려운 것이다. 우리는 습관을 고치는 일이 매우 어렵다는 것을 깨닫고 나쁜 습관을 만들지 말아야 한다.

습관에는
어떤 특성이 있을까?

습관의 관성의 법칙

습관은 절대로 하루아침에 만들어지는 것이 아니다. 한두 번 아침 일찍 일어난다고 일찍 일어나는 습관이 몸에 배지 않듯이 같은 행동을 여러 달 계속 반복해야만, 비로소 하나의 습관이 형성된다. 즉 어떤 행동이 우리의 몸에 배고 인이 박혀야 습관으로 정착되는 것이다.

습관으로 일단 형성되어 버리면 그 다음부터는 아무런 의식이나 노력이 없어도 물이 아래로 흐르듯이 자연스럽게 기계적으로 쉽게 이루어지게 된다. 이것이 습관이 갖는 특성이며 장점이기도 하다.

예를 들어 아침에 일찍 일어나 운동하는 습관을 길들일 경우 처음에는 힘이 들지만 일단 습관화되면 일찍 일어나려고 애쓰지 않아도 일정 시간이 되면 자동적으로 일어나게 되는 것은 말할 것도 없고 오히려 아침 운동을 하지 않으면 몸이 찌뿌듯해서 견딜 수가 없게 되어 꼭 하게 되는 것이다.

이렇듯 일단 형성된 습관은 그 자체의 추진력이 생겨 힘들지 않고 계속할 수가 있게 되는 것이다. 이것이 습관이 갖는 관성(慣性)의 법칙이다.

이 같은 습관의 특성을 잘 활용한다면 인생에 크게 플러스 작용을 할 수 있을 것이다. 좋은 습관은 가꾸기에 따라서는 성공에 이르는 가장 좋은 무기가 될 수도 있기 때문이다.

습관이 주는 효과

좋은 습관을 기르게 되면 힘들이지 않고 쉽게 자기의 뜻을 성취해 나가는 데 크게 플러스 작용을 하게 되지만, 나쁜 습관을 기르게 되면 그것이 걸림돌이 되어 자기발전에 크게 마이너스 작용을 하게 된다.

이를테면 일찍 일어나는 습관을 만든 사람은, 일찍 일어나게 되는 습관으로 해서 평생 동안 부지런한 사람으로 많은 일을 할 수 있고, 또 많은 소득도 얻게 되어 자기발전에 플러스 작용을 한다. 하지만 반대로 게으른 습관을 만든 사람은, 그 게으른 나쁜 습관으로 해서 평생 동안 게으른 사람으로 많은 손해를 보게 되어, 자기발전을 저해하는 마이너스 작용을 하는 것과 같은 것이다.

다시 말하면 나쁜 습관은 그것이 장애물이 되어 인생을 낙오케 하지만, 좋은 습관은 삶을 향상시키고 풍요롭게 해주는 것이다. 문제는 좋은 습관을 어떻게 길러 주느냐에 달려 있다. 좋은 습관은 쉽게 길들여지는 것이 아니다. 꾸준히 반복되는 동안 몸에 익혀서 실천에 이르게 되는 것이다.

좋은 습관은 기르기는 어렵지만, 그것을 가지고 세상을 살아가기는 쉽다. 그러나 나쁜 습관은 쉽게 붙지만 그것을 가지고 살아가기는 어렵다.

이제 우리가 노력해야 할 일은 좋은 습관을 형성시키고 그것을 정착시키는 것이다. 동시에 나쁜 습관을 찾아내 그것을 제거하는 일에 힘써야 할 것이다.

운명을 바꾸려면
생각을 바꿔야 한다

다섯 단계의 인생 방정식

인간은 습관의 산물이다. 여러 가지의 좋은 습관, 나쁜 습관들이 모여서 한 인간의 생각을 지배하고 성격을 형성하고 운명을 좌우한다. 인간의 행동은 대부분 그 자신이 만들어 놓은 습관에 의해서 좌우되는 것이다. 좋은 습관은 행복한 운명을 만들고, 나쁜 습관은 불행한 운명을 만든다.

이렇듯 습관은 인생을 지배한다. 그러므로 우리는 적극적으로 좋은 습관을 만들어 행복한 삶이 되도록 힘써야 하며, 동시에 나쁜 습관을 고쳐 불행한 삶이 되지 않도록 힘써야 한다.

그런데 건전한 사람이라면 누구나 나쁜 습관을 버리고 자기 성장을 위해 좋은 습관으로 바꾸려고 할 것이다. 그러나 그것은 생각처럼 잘 되지 않는다. 그 이유는 우선 생각이 바뀌지 않는 탓이고, 생각이 바뀌었다고 해도 행동이 바뀌지 않았기 때문이다.

스위스의 철학가이며 문학가인 아미엘은 생각, 행동, 습관, 성격, 운명의 다섯 가지가 순차적으로 변하는 과정을 다음과 같이 설명하고 있다.

① 생각이 변하면 행동이 바뀌고,

② 행동이 변하면 습관이 바뀌고,

③ 습관이 변하면 성격이 바뀌고,

④ 성격이 변하면 운명이 바뀐다.

여기서 우리는 생각이 행동을 지배하고, 행동이 습관을 지배하고, 습관이 성격을 지배하고, 성격이 운명을 좌우한다는 사실을 알 수 있다.

생각(사고) → 행동 → 습관 → 성격 → 운명, 이러한 인생의 방정식이 성립한다. 그러므로 사람이 그의 운명을 바꾸려고 한다면, 그 사람의 성격을 바꿔야 하고, 그 사람의 습관을 바꾸려면 그 사람의 행동을 바꿔야 하고, 그 사람의 행동을 바꾸려면 그 사람의 생각을 바꿔야 한다.

따라서 바람직한 인간 형성에 가장 중요한 것은 어떤 생각을 가지고 살아가느냐에 있다. 생각의 변화, 의식구조의 변화,

정신자세의 변화가 무엇보다도 필요한 것이다.

나쁜 습관을 고치는 방법

자기가 어떤 습관을 선택한다는 것은 자기가 그 습관이 주는 결과를 선택하는 것이다. 좋은 습관은 길들이기가 힘들지만, 나쁜 습관은 매우 쉽게 길들여진다. 나쁜 습관을 쉽게 배우게 되는 것은, 그것이 처음에는 즐겁게 만들어 주기 때문이다. 그래서 거의 무의식 중에 그 습관에 젖어들게 되는 것이다.

일반적으로 처음에는 나쁜 습관은 자기에게 거의 고통을 주지 않는다. 그렇기 때문에 약간의 불안을 느끼거나 '그러면 안 되지' 하고 자책하면서도 거기에 빠져버리게 된다. 심리학자들에 따르면 담배나 술을 하게 되는 것은 어린 나이에 남으로부터 성인으로 인정받지 못하면 곤란하다는 일종의 열등감 때문에 하게 된다는 것이다. 그러나 담배를 피우면 폐암에 걸릴 확률이 높다는 사실을 뒤늦게 깨닫게 되지만, 거기서 벗어나기가 어려워 고민에 빠지게 된다. 그렇기 때문에 나쁜 습관은 단호히 고쳐야 한다. 더군다나 성장하는 청소년들에게는 육체적으로나 정신적으로 해가 되는 것은 분명한 사실이다. 나쁜 습관을 고치는 최선의 방법은 어느 날 갑자기 고치는 것이라고 한다. '조금씩 줄여가면서 고쳐야지' 하다 보면 결국 실패해서 제 자리로 돌아오는 일이 많다는 것이다. 그렇기 때문에 어느 날 마음먹고 갑자기 끊는 사람이 성공률이 높다고 한다. 오늘부터라도 고치고 싶은 것을 찾아서 바로 지금 시작하는 것이 최선의 방법이 될 것이다.

바람직한 습관을
어떻게 길들일까?

좋은 습관의 선정

습관은 사람이 만들고 그 습관은 그 사람의 운명을 만든다. 따라서 인간의 행동은 대부분 자기가 만들어 놓은 습관에 의해서 좌우된다. 이 같은 중요한 습관을 형성하는 데는 적절한 시기가 있다. 감수성과 학습력, 성장력이 가장 왕성한 어린 시절과 젊은 시절에 되도록 바람직한 습관을 많이 만들어 놓아야 한다. 늦어지면 만들기도 어렵고 고치기도 어렵게 된다.

습관은 절대로 하루아침에 만들어지는 것이 아니다. 그렇기 때문에 바람직한 좋은 습관을 정착시키려면 특단의 노력을 기울여야 한다. 그럼 성공으로 이끌어 줄 습관을 만들려면 어떻게 해야 할까?

첫째, 자기에게 어떤 습관이 있는지부터 알아내야 한다.

습관에는 좋은 습관, 성공으로 이끄는 습관이 있는가 하면, 자신의 인생을 망치는 나쁜 습관이 있다. 또한 습관에는 타고난 습성과 어려서부터 길들여져 온 버릇이 있다. 이러한 것들은 뜻밖에 자신의 어떤 특성보다 삶의 질과 가치를 좌우한다. 이것들이 자신의 인생을 성공으로 이끌기도 하고 파탄으로 이끌기도 한다.

따라서 좋은 습관과 나쁜 습관을 가려내어 바람직한 습관을 가꿔야 하고, 그릇된 습관은 고쳐야 한다. 다행스럽게도 10대는 자신의 노력으로 얼마든지 그릇된 습관을 바꿀 수 있는 최적의 시기이다.

10대는 여러 습관들이 체질화되기에는 아직 이른 시기여서 그릇된 습관이 형성되어 있다면 얼마든지 그것을 바꿀 수 있는 과도기라고 할 수 있어 마음만 굳게 먹으면 얼마든지 자신의 노력으로 그릇된 습관을 고쳐 나갈 수 있는 좋은 시기다.

둘째, 좋은 습관을 선정해서 의도적으로 길들여야 한다.

자기에게 이렇다 할 좋은 습관이 없다면, 깊이 생각해서 길들여야 할 바람직한 습관을 선정하고 의도적으로 습관화되도록 힘써야 한다. 예를 들어 꿈이 교사가 되는 것이라면, 교사는 지식이 많고 남의 존경을 받는 사람이므로, 열심히 공부해서 많은 지식을 얻어야 하고 또 모든 일에 모범이 되는 행동을 해야 한다는 점을 인식하고, 자기 스스로가 그 필요성을 깨달아 자발적으로 그 품성에 합당한 좋은 습관을 찾아내 실천해 나가도록 하는 것이다.

이 책에서는 청소년 시기에 꼭 길들여야 할 바람직한 습관 42가지를 제시했으며, 이 가운데서 자기가 꼭 습관화하겠다는 몇 가지를 우선 선정해서 집중적으로 실천해 나가기를 바란다. 그리고 그것이 잘 실천이 되면 다른 습관으로 점차 확대해 나가면 된다.

셋째, 습관화되려면 '100번의 법칙'이 적용되어야 한다.

심리학에서는 어떤 행동이 습관화되는 데는 약 3주일 내지는 100일 정도 반복되어야 한다고 한다. 그 이유는 생물학적으로 뇌에 새로운 습관을 만들려면 어른들의 경우 보통 3주 정도의 기간이 필요하기 때문이다.

그러나 어린 사람의 경우이거나 늘 남보다 뒤떨어진다는 의식에 사로잡힌 사람의 경우는 '100번의 법칙'을 적용할 수 있다. 100일이나 100번의 연습이라는 시간은 어떤 변화의 노력이 인간의 몸에 완전히 정착함으로써 이후 의식적인 노력 없이도 습관처럼 이루어지기까지 절대적으로 필요한 시간이다.

사람에 따라서는 100일이 짧게 느껴지기도 하고, 또 길게 느껴질 수도 있겠지만, 잊지 말아야 할 것은 이 기간만큼은 반드시 노력해야 한다는 것이다. 100일 동안만큼은 절대로 포기하지 말고 자신의 의지로 끝까지 실행해야 한다. 그 다음은 걱정할 필요가 없다. 그때는 몸과 의식이 스스로 알아서 움직일 것이다.

좋은 습관 길들이기 방법

미국의 저명한 정신분석학자인 단 카스터 박사는 그의 저서 『정신력의 기적』에서 '새로운 습관을 어떻게 만들 것인가'에 대해 습관 길들이기 방법을 다음과 같이 설명하고 있다.

새 습관을 만들려고 하면 확신, 결심, 준비, 실천, 지속의 다섯 단계를 밟아야 이루어질 수 있다고 한다.

첫 번째는, 확신의 단계로 자기가 이루고자 하는 새로운 습관이 자기에게 바람직한 결과를 얻을 수 있을 뿐만 아니라, 그 습관을 길들일 수 있다고 확신해야 한다.

두 번째는, 결심의 단계로 새로운 습관을 의심 없이 길들일 수 있다는 믿음이 생기면 결심을 하게 된다. 결심은 곧 착수하겠다는 결의를 나타내는 것이다. 결심이 서면 그 일의 반은 이룬 셈이다.

세 번째는, 마음의 준비 단계로 자신에게는 물론 다른 사람에게도 반드시 이루겠다고 공언하는 등 마음을 다지는 것이다. 이것은 다시 말해 서명서에 서명하는 것과 같다.

네 번째는, 실천의 단계로 마음의 준비가 됐으면 비로소 행동을 시작한다. 다른 사람이 그 일에 찬물을 끼얹기 전에 빨리 일을 시작해야 한다. 시작할 날을 늦게 잡으면 핑계가 생기거나 연기를 하게 되어 실천이 어려워진다.

다섯 번째는, 지속의 단계로 중도에 중단하는 일이 없도록 계속 실천해서 그것이 습관화되어 자동적으로 이루어지게 될 때까지 지속한다. 그렇게 되면 그 습관이 되어 자기가 바라는 결과를 얻게 되는 것이다.

또 하나의 습관 길들이기 방법으로 미국 페튼 대학의 학장을 지낸 사토 도미오 박사의 방법이 있다. 그는 그의 저서 『성공을 부르는 긍정의 힘』에서 새로운 습관을 몸에 익히려면 낡은 습관이 몸에 뱄을 때와 마찬가지로 어느 정도의 시간이 걸린다면서 새로운 습관은 꾸준함, 자리 잡음, 자신감, 확신이라는 네 과정을 거쳐야 비로소 자기의 습관으로 정착시킬 수 있다며 다음과 같이 설명하고 있다.

첫째는 어떤 사고를 습관화하려면 여러 번 생각하고 말로 표현하고 글로 써서 몸 안에 프로그램처럼 저장해야 한다. 여기에는 일정 기간의 꾸준함이 필요하다.

둘째는 여러 번 되풀이하는 동안 '하면 될 거야' 하는 마음이 싹튼다. 비로소 새로운 생각이 자리를 잡은 것이다.

셋째는 이 변화를 실감했을 때 '이번에도 잘 된다', '좀 더 잘할 수 있다'는 감정이 끓어오른다. 그것이 자신감이다.

넷째는 자신감이 뒷받침되면 '잘 해야지' 하고 의식하지 않아도 무의식적으로 몸이 움직인다. 힘을 들이거나 긴장하지 않아도 지금보다 더 수준 높은 일을 하는 자신을 발견한다. 이때는 '확신'의 단계에 도달했다고 생각해도 좋다.

새로운 습관은 이런 네 과정을 거쳐 무의식적인 습관으로 뿌리 내리게 되는 것이다.

단 카스터 박사와 사토 도미오 박사가 제시한 '새로운 습관 길들이기 방법을 소개했다. 이를 참고로 해서 낡은 습관을 버리고 청소년 시기에 행복과 성공으로 이어지는 새로운 습관을 길들이기 바란다.

2

자신을 아름답게 가꾸는
좋은 습관

좋은 습관 001

성실하게
살아가는 습관

성실의 두 가지 의미

중국의 유명한 대유학자인 사마광(司馬光)에게 한 제자가 이렇게 물었다.

"선생님, 수많은 한자 중에서 우리가 일생 동안 마음에 간직하고 행동의 길잡이로 삼을 수 있는 글자 한 자만 골라 주십시오."

사마광은 서슴지 않고 '그것은 성(誠)이다'라고 대답했다. 그러자 제자가 다시 물었다.

"그럼 성(誠)이란 무슨 뜻입니까?"

"그것은 허망한 말을 하지 않는 것이다."

이 짤막한 이야기는 성실의 중요성과 의미를 잘 시사해준다. 성실이란 무엇인가? 성실에는 두 가지 의미가 있다. 그 하나는 참되고 거짓이 없는 진실이고, 또 하나는 최선을 다하는 정성이다.

첫째로 성실은 곧 참이다. 거짓이 없는 것이며, 거짓말을 하지 않는 것이다. 나를 속이지 않고 남을 속이지 않는 진실한 마음이다.

성(誠)이 뜻하는 의미는 깊다. 말씀 언(言) 변에 이룰 성(成)이 결합된 글자로 말이 이루어진다는 뜻이다. 말이 이루어진다는 것은 언행이 일치한다는 것이다. 즉 성실이란 말한 대로 실천하는 것이며, 거짓말을 하지 않는다는 것을 의미한다.

둘째는 성실은 곧 정성이다. 모든 것에 정성을 다 하는 것이다. 정성을 다 하면 안 되는 일이 없다.

이 세상의 모든 위대하고 가치 있는 업적은 다 정성이 낳은 산물이다. 지극한 정성을 우리는 지성(至誠)이라고 말한다. 지성을 가지고 사람을 대하면 감동하지 않는 이가 없다. 지성은 사람만을 움직이는 것이 아니라 하늘도 움직인다. 그래서 '지성(至誠)이면 감천(感天)'이라고 한다.

작은 정성, 뜻밖의 보상

프랑스 파리에 설립된 지 얼마 안 되는 자그마한 은행에 어떤 여성이 찾아왔다. 그녀는 은행장을 만나 조심스럽게 취직의사를 밝혔다.

" 글쎄요. 모처럼 오셨는데 미안합니다. 자리가 없으니 다음에 한번 찾아 주시지요."

그녀는 젊은 은행장에게 보기 좋게 거절을 당하자, 빨개진 얼굴을 보이지 않으려고 고개를 숙이고 나오다가, 마침 마룻바닥에 핀 한 개가 떨어져 있는 것을 발견했다.

그는 그 핀을 주워 옷자락으로 닦은 뒤 탁자 위에 얹어 놓고 나가려고 했다.

"아가씨. 잠깐만 기다리세요."

은행장이 다급하게 일어서면서 그녀를 불렀다. 그녀는 의아스럽게 여기면서 몸을 돌려 은행장을 향했다.

"방금 당신을 채용하지 않겠다고 했지만, 생각한 바가 있어서 채용하기로 했습니다. 내일부터 출근하도록 하세요."

은행장은 만족스런 표정을 지으며 말했다.

그러자 그녀가 빨개졌던 얼굴을 들면서 의외라는 듯 물었다.

"방금 채용하지 않으신다더니……."

"아~ 예, 방금 주운 그 핀을 아껴 주듯이 우리 은행 일을 해 주신다면 내 월급을 나누어 드리더라도 채용하겠다는 것입니다."

그 후 몇 해의 세월이 흘러 그녀는 젊은 은행장의 부인이 되었고. 조그마한 은행은 크게 번창해 큰 은행으로 발전했다.

정성을 다하는 사람에게는 언제나 도움을 주는 사람이 있기 마련이다. 정성에는 사람의 마음을 움직이는 놀라운 힘이 있다. 그래서 지성으로 하면 세상에 안 되는 일이 없다는 것이다.

성실은 마음을 움직이는 힘

이 일화는 사람이 성실하면 반드시 도와주는 사람이 생긴다는 것을 보여주는 이야기다. 아주 하찮은 일이라도 사람이 성실하다 보면, 뜻하지 않게 도와주는 사람이 생기고 일이 쉽게 풀리는 경우가 많다.

사람의 능력이나 실력도 중요하지만, 그것보다 더 중요한 것은 그 능력과 실력을 올바르게 쓸 수 있는 성실한 마음이다. 궁극적으로는 사람의 성실성이 사업의 성패를 좌우하기 때문이다. 자기도 모르게 발 앞에 떨어진 핀을 주워서 자기 옷자락으로 닦아서 다시 쓸 수 있도록 탁자 위에 올려놓는 행위는 누가 시켜서 하는 행위가 아니라, 어렸을 때부터 성실하게 살아온 그 사람의 습관적 행위이다.

이 같은 습관적 행위는 그 사람의 성실성을 보여주는 것이어서 금방 호감이 가고 믿음이 생겨 도와주고 싶은 마음이 되는 것이다. 아무리 하찮은 일이라 하더라도 한 가지 일을 보면 열 가지 일을 미루어 알 수가 있기 때문이며, 이런 사람들이야말로 우리 사회가 필요로 하는 참으로 귀한 존재이다.

성실처럼 사람을 믿게 하고 마음을 움직이게 하는 데 큰 힘이 되는 것은 없는 것이다.

성실한 사람이 되려면

그럼 성실한 사람이 되려면 어떻게 살아야 하는 것일까?

첫째로 먼저 자기 자신에 대해서 성실해야 한다. 스페인의 철학자 오르데가 이 가제르는 '현대의 정신적 범죄는 자기 자신에 대해서 불성실한 것이다'고 지적했다.

내가 나를 속이고, 자기가 하는 일에 정성을 다하지 못하고, 책임을 지지 않는 것이 바로 자기 자신에게 불성실한 것이다.

자기가 자기를 학대하고 과소평가하고 되는 대로 살아가는 사람, 자기의 의지대로 살지 못하고 남에게 끌려 다니는 사람은 모두 자기 자신에 대한 불성실한 죄를 범하고 있는 것이다. 우리는 무성의 속에서 아무렇게나 인생을 살아가는 불성실한 사람이 되어서는 안 된다. 성실한 사람이 되려면 무엇보다 먼저 자기 자신에 대해서 성실해야 한다.

　둘째는 참되기 위해서 힘써야 한다. 생각하고 말하고 행하는 모든 것이 참되고 거짓이 없도록 노력해야 한다.
　천지만물은 참의 원리로 되어 있다. 천지자연은 거짓이 없다. 콩을 심으면 콩이 나오고, 팥을 심으면 팥이 나온다. 많이 심으면 많이 나오고 적게 심으면 적게 나온다. 자연은 절대로 사람을 속이지 않는다.
　우리는 천지자연의 섭리를 알고, 참되게 살려고 노력해야 한다. 그것이 사람이 자연과 일치하는 삶을 살아가는 길이다.
　오늘날 우리 사회는 성실의 덕이 무너졌다. 사회 전반에 걸쳐 성실의 덕이 보이지 않는다. 거짓과 속임수가 판을 치고 있다. 참으로 답답하고 안타까운 현실이다.
　그러면 어떻게 해야 성실한 사회를 만들 수 있을까?
　한 가지 방법이 있다. 양심이 명령하는 대로 참되게 살아가는 것이다. 이것이 성실을 제자리로 돌아가게 하는 유일한 길이다. 모든 사람들이 성실을 마음에 새겨 그것을 계명으로 삼아 정직하게 거짓 없이 바르게 살고, 또 맡은 일에 정성을 다하면 언젠가는 반드시 성실한 사회가 될 것이다.

청소년들이여! 현실을 한탄하지 말고 자신부터 성실하게 살아가는 습관을 키워나가자. 그 습관적 행위가 여러분의 앞날과 사회를 변화시키는 큰 힘이 되기 때문이다.

일찍 자고
일찍 일어나는 습관

성공한 사람들 중에는 아침형 인간이 많다

사람의 몸은 본래 일찍 자고 일찍 일어나면 쾌적함을 느낀다. 그것은 하루 종일 태양과 달 그리고 지구의 움직임에 따라 인간의 몸도 달라지기 때문이다. 그래서 일찍 자고 일찍 일어나면 마음이 상쾌해져서 기분 좋은 하루를 시작할 수 있다.

일찍 일어난 만큼 더 많은 시간을 활용할 수 있고, 또 부지런한 생활 습성을 기를 수 있다. 일찍 일어나는 사람은 부지런하고 열심히 사는 사람이므로, 당연히 부가 따르고 생활이 윤택해질 뿐만 아니라, 일찍 출발한 사람인 만큼 모든 면에서 다른 사람들보다 한 발 앞서 나갈 수 있게 된다. 거기에 매일 적절한 아침운동을 곁들인다면 마음과 몸을 함께 건강하게 신장시켜 나갈 수 있다.

사업가들은 대체로 아침형 인간이 많고 작가나 예술가들은 야간형 인간이 일반적이다. 재산을 기준으로 생각한다면 아침형 인간이 바람직하고, 자유롭고 자신이 좋아하는 일을 하고 싶은 사람은 아무래도 야간형 인간이 바람직할 수도 있다.

그러나 크게 성공한 사람들은 대체로 부지런한 사람이었다는 사실을 간과해서는 안 될 것이다. 정주영 현대그룹 창업자는 새벽 4시에, 마이크로소프트의 빌 게이츠 회장은 3시에 일어나 하루 일을 시작했다고 한다. 또 국내 100대 기업의 경영자들의 평균 기상시간도 새벽 5시라고 하니 부지런한 사람들이 성공한다는 통설은 맞는 말이다.

아침을 선호하는 이유

성공한 사람들이 아침을 선호하는 까닭은 부지런함 말고도 두뇌가 가장 명석해지는 시간을 활용하기 위해서다. 잠이 깬 5시부터 한 시간이 지난 6시부터 8시까지의 시간은 집중력이나 판단력이 뛰어나기 때문에, 이 시간에 공부하거나 일을 한다면 다른 시간에 하는 것보다 몇 배의 성과를 거둘 수 있기 때문이다.

사람에게는 일정한 여유가 있어야 한다. 시간적으로 여유가 있으면 우선 침착해지고 여러 가지 상황을 자세히 살펴보면서 정확한 판단을 내릴 수 있지만, 여유가 없으면 매사에 초조함과 오판으로 실패할 확률이 높다. 덜 깬 정신으로 허둥지둥 시작하는 사람의 하루와 일찍 일어나서 여유 있게 차분하게 하루를 계획하고 공부하는 사람의 하루는 천양지차일 것이다.

그렇다면 몇 시에 자고 몇 시에 일어나는 것이 가장 효과적일까? 여러 가지 설이 있지만 오후 11시에 자고 오전 5시에 일어나는 것이 가장 이상적이라고 말하고 있다. 그러나 사람에 따라서는 수면 효율의 차이가 있기 때문에 이것이 절대적일 수는 없고 하나의 기준은 될 수 있을 것이다.

아침형 인간의 특징

아침형 인간을 수십 년 동안 연구하고 전파해 온 일본의 사이쇼 히로시는 그의 『인생을 두 배로 사는 아침형 인간』이란 저서에서 아침형 인간이 되면, 바람직한 '네 가지 변화'가 일어난다며, 그 특징을 다음과 같이 설명하고 있다.

첫째, 신체와 정신이 조화로운 하루, 에너지가 충만한 하루를 갖게 한다.

아침을 늦게 시작하는 사람, 아침을 불쾌한 마음과 무기력한 몸으로 시작하는 사람에게 그날 하루는 '버려진 하루와 다를 바 없다. 반면 자연의 아침을 호흡하며 상쾌하게 출발하는 하루는 벌써 성공을 예약한 것이나 다름없다.

둘째, 생활에 여유를 갖게 되면서도 목표하는 성과를 달성하게 한다.

여유란 단순한 휴식을 의미하는 것이 아니다. 아침을 적극적으로 활용하면 모든 일에 여유가 생긴다. 여유를 가지고 대하는 모든 일은 순리대로 풀리기 마련이다. 다급하고 여유 없는 자세로 대하는 일들은 대개 잘 풀리지 않았던 경험들이 있을 것이다. 그 비밀도 아침에 있다.

셋째, 세상과 자신의 삶을 대하는 자세가 달라진다.

아침과 저녁, 밤 시간대에 따라 사람의 심신은 각기 다른 반응을 보인다. 주로 밤늦게까지 깨어 있는 사람들은 상대적으로 감성적이고 비관적이며 불안한 모습을 많이 보인다. 반면 이른 아침 시간을 많이 활용하는 사람은 이성적이고 적극적이며 안정적인 모습을 보인다. 아침형 생활을 지속하면 긍정적인 생활 자세를 갖게 되는 것이다.

넷째, 건강한 삶, 장수하는 삶을 누리게 된다.

청소년 시기에 벌써부터 장수하는 삶을 산다는 것이 멀게만 느껴지겠지만 장수한다는 것은 젊었을 때부터 관리하는 것이며, 나이 들어 장수하는 삶을 위해 노력해도 이미 늦는다고 봐야 하기 때문이다.

단순히 오래 사는 것은 의미가 없다. 건강한 몸과 마음을 유지하면서 장수하는 삶은 누구나 꿈꾸는 것이다. 건강 장수하는 노인들 가운데 야행성 인간은 찾아보기 어렵다. 나이 들어 잠이 없어진 것이 아니라, 젊을 때부터의 생활 습관이 그랬던 것으로 밝혀진 조사가 많다.

젊은 시절 밤낮을 가리지 않고 공부하며, 일해서 어느 정도 부와 명예를 쌓은 사람들도 있지만, 대개는 중년 이후 갑자기 사망하거나 심각한 질병으로 고통스러운 노년을 보내는 경우가 대부분이다.

성공을 이루고 건강도 지키면서 장수하는 사람들은 대개 밤 10시에 잠자리에 들고 새벽 5시에 눈을 뜨는 생활을 하고 있다. 이들은 모두가 젊은 시절부터 규칙적인 아침형 생활 습관을 지속해 온 사람들이다.

성공은 아침이 좌우한다. 아침을 잘 활용하는 사람이 하루를 지배할 수 있고, 하루를 지배하는 사람이 인생을 지배할 수 있다. 남보다 앞서 나가기를 원한다면 여러분은 아침형 인간이 되어야 한다. 학원, 학교공부에 어른보다 더 바쁜 10대들이지만 일찍 자고 일찍 일어나는 습관은 꼭 정복해야 할 가장 중요한 기본적인 습관이다. 아침 일찍 일어나 공부하는 습관이 길들여지면 집중력과 두뇌발달에 가장 좋다고 한다. 이것이 습관화되면 다른 습관을 정복하기는 그다지 어렵지 않다. 그러므로 이것만은 반드시 습관화되도록 힘써야 한다.

예절을 지키는 습관

예절은 대인관계의 기본원리

우리는 아는 사람을 만나면 서로 반가운 인사를 나눈다. 정다운 친구를 만나면 악수를 나누고, 매우 반가운 사람을 만나면 포옹하고, 웃어른을 대하면 공손히 예를 갖추어 경의를 표하고, 손아랫사람을 만나면 따뜻한 미소로 응답한다.

이와 같이 인간 상호간의 사귐에 있어 서로 상대방에게 예를 나타내는 사회적 행위 규범을 우리는 예절 또는 예의라고 한다. 예절은 서로 간에 지켜야 할 도리이자, 사람이 갖추어야 할 품위이다. 예절은 사람들이 지켜야 할 사회적 약속이다. 사회적 약속이 지켜지지 않을 때 우리의 인간관계는 불쾌함을 갖게 되고 서로 불화하게 되고 또 불신하게 된다. 그러므로 서로

화목하고 즐겁게 살아가려면 예절을 잘 알고 잘 지켜야 한다.

인간은 사회적 동물이다. 여러 사람들이 얽히고설킨 관계 속에서 살아간다. 서로의 사귐에 있어 예를 잃어버리면 실례가 되어 상대방을 불쾌하게 만들고, 예가 부족하거나 나빠지면 결례(缺禮)가 되어 상대방을 섭섭하게 하고, 예가 없으면 무례(無禮)가 되어 상대방의 기분을 상하게 하고, 예를 벗어나면 비례(非禮)가 되어 상대방을 분노케 한다.

여기서 느낄 수 있듯이 인간관계에 있어서는 무엇보다도 상대방의 마음을 평온하게 해주는 배려가 곧 예이다.

예의의 중요한 정신은 대인관계에 있어서 상대방에 대해 겸손하고 삼가며 공손하고 사양하는 마음으로 조화를 이루는 것이다.

예가 없으면 입신(立身)할 수 없다

공자는 제자들에게 '예의를 배우지 않으면 사회에서 입신할 수 없다'고 예의의 중요성을 강조했다. 사람이 사람으로서 예의를 지키지 않는다면 결국 세상에서 입신할 토대를 잃게 된다는 것이다. 다원적 관계의 그물망에 얽혀 살아가는 현대인에게는 대인관계의 근본이 되는 예절은 아무리 강조해도 지나침이 없다.

　대인관계에 있어 핵심이 되는 예절은 인사범절이다. 인사성이 밝은 사람이 되어야만 사회생활에서 인간관계를 원만히 맺어갈 수 있다. 인사성이 어두워 인사하는 것을 게을리 하거나 인사할 줄 모르면, 사회생활의 기반이 되는 인간관계에 실패하게 된다.

　다정한 인사는 친밀감을 주어 호감을 갖게 하고, 정중한 인사는 믿음을 주어 신뢰감을 갖게 한다. 또 깍듯하게 인사할 때는 그로부터 존경심과 복종심을 보게 되고 당당하게 인사할 때에는 그의 자신감을 보게 된다.

　이렇듯 인사라는 행위를 통해 그 사람의 됨됨이와 인격을 한눈에 헤아려 보게 되고 그것으로 사람을 평가하는 경우가 많기 때문에 평소 인사범절에 각별히 유의해서 좋은 인상을 남기도록 힘써야 한다.

인사범절에 특별히 유의할 점

　첫째, 인사성이 밝아야 한다.

　인사성이 밝은 사람은 어디서나 먼저 인사를 잘하는 사람이다. 그런 사람들은 대체로 밝고 활달해서 붙임성이 있고, 부드럽고 상냥해서 친근감이 있으며, 대화에 능통해서 상대방에게 호감을 준다. 또 어떤 만남이건 간에 밝고 활기차게 대화를 이끌어가고 남의 말을 잘 경청할 줄 알며, 자기 입장보다 상대방의 입장을 헤아려 주는 지혜가 있어 주변에 많은 사람들이 모여든다. 남보다 빨리 성공한 사람들은 하나같이 인사성이 밝은 사람들임을 유념할 필요가 있다.

둘째, 인사할 때는 적절한 감정 표현이 있어야 한다.

우리 민족은 대체로 무뚝뚝한 편으로 서양 사람이나 일본 사람에 비해 감정표현이 둔한 편이다. 이런 인상 때문에 인간관계에 지장이 생기는 것은 바람직한 일이 아니다. 적절한 감정표현이 없거나 잘못 표현해서 상대방의 오해를 불러일으킬 소지가 많다. 반가우면 반가운 표정을 하고 고마우면 고마운 뜻이 전달되게 적절한 감정표현이 있어야 한다. 그래야 그 말과 행동의 뜻이 바르게 전달된다.

셋째, 대인관계에서 요구되는 교양인의 필수 자질을 갖추도록 노력해야 한다.

부드러운 미소가 감도는 밝은 표정, 깨끗하고 단정한 복장 너그러운 마음씨, 친밀감을 주는 대화, 겸손하고 사양하는 태도, 재치 있고 유머러스한 말씨 등 교양인이 갖추어야 할 몸가짐에 신경을 써야 한다.

　인사성이 밝은 사람이 사회에서 입신할 수 있다. 예절의 참 뜻을 알고 예절을 잘 지키는 습관을 길들이는 것이 곧 사회생 활에서 많은 사람으로부터 환영받고 존경받는 지름길이 될 것 이다.

미소 짓고
인사 잘하는 습관

미소 짓고 인사 잘하는 사람은 어디에서나 환영 받는다

미소는 우리 얼굴에 피는 꽃이며, 남과 친밀해지는 지름길이다. 인사성이 밝은 사람은 대체로 밝고 활달해서 붙임성이 있고 상냥하며 친근감이 있어 상대방에게 호감을 준다. 그래서 좋은 친구를 얻을 수 있고 많은 사람들과 관계를 넓힐 수 있다.

웃는 얼굴과 밝은 표정으로 정답게 건네는 인사는 상대방에게 좋은 인상을 주게 되어 서로를 친밀하게 만들어 준다. 이것은 좋은 사회성을 기르게 하고 인간관계를 부드럽게 해 줄 뿐만 아니라, 밝고 명랑한 성격형성에 좋은 영향을 끼친다.

또 인사라는 행위를 통해 그 사람의 됨됨이와 인격을 한 눈에 헤아려 보게 되고, 그것으로 사람을 평가하는 경우가 많기 때문에 어디서든 좋은 인상을 남기도록 힘써야 한다. 미소 짓고 인사 잘하는 사람은 어디서든 환영받는다. 미국 뉴욕에 있는 어떤 백화점에서는 여점원을 채용할 때 그 사람의 학력이나 조건보다 사랑스러운 미소를 지닌 여성을 선택한다고 한다. 미소 띤 얼굴은 그 만큼 상대를 편하고 포근하게 만들어 주기 때문일 것이다.

인사는 우선 밝고 힘차게 해야 한다. 말은 있고 행동이 없거나, 행동은 있는데 말이 없는 인사는 제대로 된 인사가 아니다. 밝고 힘찬 인사는 기분을 상쾌하게 하고 활기 있는 하루가 되게 한다. 남보다 빠르게 성공한 사람들은 하나같이 인사에 도가 튼 사람임을 명심하자.

내가 먼저 인사하자

참된 인사는 자신 쪽에서 마음을 열고 상대에게 다가가는 것이 아닐까 생각한다. 그러나 우리나라 사람들은 이쪽에서 먼저 상대에게 말이나 인사를 건네는 습관에 익숙하지 못하다. 그래서 이쪽에서 낯선 사람에게 자신이 먼저 '안녕하십니까?' 하고 선뜻 말을 건네지 못한다는 것이다. 이쪽에서 먼저 '안녕하십니까?' 하고 마음을 열고 다가가면 상대 쪽에서도 친숙하게 '예, 안녕하십니까?' 하고 화답하며 접근해 오기 마련이다.

명랑한 웃음은 최고의 강장제

옛날부터 전해져 오는 속담에 '소문만복래(素門萬福來)'라는 말이 있다. 웃는 집안에 복이 찾아온다는 것이다.

명랑한 웃음은 자연계가 인간에게 부여한 최고의 강장제라고도 한다. 명랑하게 소리 내어 웃으면 생리작용이 금세 활발해져서 혈액순환이 순조로워지며 백혈구의 식균작용이 증가한다고 한다. 자연치유능력이 왕성해지는 것이다. 그러므로 언제나 밝게 웃는 사람은 건강하기 마련이다.

자, 이제부터는 상냥하게 미소 짓고 먼저 인사의 말을 건네보자. 친구에게, 선생님께, 부모님께 먼저 인사하는 습관을 길들이면 생각지도 못했던 좋은 일이 생길 것이다.

건강을 스스로
챙기는 습관

건강은 인간의 첫째가는 의무

세상에서 건강처럼 중요하고 소중한 것은 없다. 몸이 건강해야 모든 일에 의욕과 열의를 가지고 뜻한 바를 성취하려고 분투하고 도전하는 기백이 생긴다. 그래서 건강은 우리의 첫째가는 밑천이다. 젊었을 때는 건강하다는 사실을 당연하게 여긴다. 그래서 자신의 몸을 과신하고 아무렇게나 생활하는 경향이 있다. 그러나 병마는 그 틈을 타고 예고 없이 찾아든다. 그러므로 늘 건강을 챙기고 병들지 않도록 조심해야 한다.

대학입시에 시달리는 청소년들에게는 건강이 대수롭지 않게 생각되겠지만, 건강관리를 못해 정작 시험을 망치는 경우가 있으며, 그로 인해 본인과 가족들에게도 상처를 주는 이중의 고통으로 돌아오기 때문에 건강에 대한 관심은 모든 관심에 앞서야 한다. 건강관리에 소홀하고 무관심하다는 것은 자기 인생에 대해 태만하고 무책임한 것이다. 건강을 등한시한다는 것은 곧 인생을 등한시하는 것과 다름이 없다.

그래서 미국의 정치가이자 과학자인 벤저민 프랭클린은 '건강의 유지는 자기에 대한 의무인 동시에 사회에 대한 의무이다'라고 했다. 몸이 허약하면 가족에게 폐를 끼치게 되고, 주위 사람에게 부담스러운 존재가 된다. 건강해야만 개인적·사회적 직분을 다 할 수 있다. 그래서 건강은 인간의 첫째가는 의무인 것이다.

모든 생활에 있어 건강은 기초가 되고 원천이 된다. 집을 지을 때 주춧돌을 튼튼히 세워야 그 위에 큰 건물을 세울 수 있다. 만약 기초가 튼튼하지 못하면 그 건물은 오래 가지 못하고 무너지고 만다. 마찬가지로 우리의 생활에서 기초가 되는 건강이 유지되도록 힘써야 한다.

우리는 평소에 건강에 신경을 써야 한다. 병들고 나서 신경을 쓰는 것은 소 잃고 외양간 고치는 것과 마찬가지다. 그래서 평소 자신의 건강을 스스로 챙기는 습관을 들여야 한다는 것이다.

건강의 가치

우리는 살아가면서 건강의 가치를 잊고 지낼 때가 많다.

막상 병에 시달리고 나서야 건강의 고마움을 알게 되고, 건강을 잃고 나서야 그 가치를 뼈저리게 느끼게 되는 것이 우리의 인생이다. 그러나 이것은 실수 중에서도 큰 실수이자 돌이킬 수 없는 큰 손실을 불러오는 무지스런 실수이다.

건강을 잃고 나아가 생명을 잃은 후에 돈이 있으면 무슨 소용이 있고 권세나 명예는 또 무슨 가치가 있을까? 건강은 인간의 제일 큰 자본이며, 가장 중요한 재산이다.

건강해야 공부도 할 수 있고 인생을 즐겁게 살 수 있고, 뜻한 바를 성취할 수 있고 행복한 삶을 누릴 수 있다. 그래서 건강은 인간의 최대 관심사이자, 모든 사람이 바라는 간절한 소원이다.

건강은 값을 매길 수 없는 보물이다. 아무리 황금만능의 시대라지만 건강은 돈으로 살 수도 없고 팔 수도 없고, 남에게 빌려 줄 수도 없고 빌려 쓸 수도 없다. 건강은 자기만이 관리할 수 있는 유일한 재산이다. 그러므로 건강을 스스로 챙기는 습관을 길러야 할 것이다.

건강의 비별

모든 사람들이 건강하게 살기 위해 관심을 가지고 힘쓰고 있으나, 사람마다 건강을 유지하는 방법은 다르다. 그것은 각자가 처해 있는 환경과 형편이 다르고, 식사법이나 운동방법이 다르고, 또 체질이나 의지 등에 따라서도 달라질 수밖에 없기 때문이다. 그래서 사람들은 자기 나름으로 건강법을 개발해서 실천하고 있다. 그러나 건강에 관한 정보를 종합해 보면 몇 가지 공통되는 비결이 있다. 그것은 건강의 3요소가 되는 올바른 식사, 적절한 운동, 충분한 휴식을 균형 있게 조화를 이루는 것이다. 과식이나 편식을 피하고 영양 있는 음식을 즐겁게 먹고, 자기의 형편에 맞는 운동을 지속적으로 꾸준히 하고, 깊은 잠을 통해 충분한 휴식을 갖는다면 우리의 신체는 언제나 건강하게 천수를 누릴 수 있다.

인간은 누구나 튼튼한 몸으로 오래 살기를 원한다. 병에 시달리며 살기를 원하는 사람은 이 세상에 아무도 없다. 무병장수는 모든 사람들의 간절한 소원이다. 병약한 몸으로 사는 인생에게 무슨 의미가 있을까?

건강해야 사는 기쁨이 있고 행복이 있고 보람이 있다. 그렇기 때문에 자신의 건강을 스스로 챙기는 습관을 길러야 하는 것이다.

항상 배우기에
힘쓰는 습관

아는 것이 힘, 배워야 산다

인생에서 가장 중요한 것은 부단히 배우고자 하는 마음을 가지고 살아가는 것이다. 현대사회에서는 공부하지 않고는 살아가기가 힘들다. 하루가 다르게 발전하고 변화하는 고도 정보사회에서 남보다 앞서 나가려면 끊임없는 배움을 통해서 자기자신을 발전시키지 않으면 안 된다. 그래서 성공한 사람들은 배우려는 태도를 생활 속에서 습관화한다.

현대사회는 지식 폭발의 시대이다. 새로운 지식, 새로운 기술이 쉴 새 없이 출현한다. 사회진보의 속도가 빠르기 때문에 지금 유용한 지식도 몇 년 후에는 낡은 지식이 되고 쓸모없는 이론이 되고 만다.

그러므로 우리는 지식의 신진대사를 부지런히 해야 한다. 21세기의 경쟁시대에 살아남으려면 배워야 한다. 지식으로 무장한 사람만이 싸워서 이길 수 있다. 그러기 위해서는 부단히 배우고자 하는 겸손한 마음가짐으로 죽는 날까지 배우는 데 힘써야 한다. 평생교육을 역설하는 이유가 바로 여기에 있다.

배운다는 것은 희망을 갖는 것이며, 무엇인가를 이루어 보려는 의지를 갖고 미래를 향해 도전하는 것이다. 우리는 배워야 산다는 정신을 가지고 매일 새로운 것을 배워야 한다. 이것이 자기계발의 출발점이자, 자아완성의 종착점이다.

가장 유능한 사람은 부단히 배우는 사람이다

사람은 배움을 통해서 세상 살아가는 방법을 익혀 생존을 유지할 수 있고 또 배움에 의해 생각과 몸가짐을 바르게 해서 참된 인간이 될 수 있다. 그러므로 우리는 죽는 날까지 한 평생을 공부하는 마음으로 살아가야 한다.

배운다는 것이 결코 쉬운 일은 아니지만, 배우는 것처럼 기쁘고 보람 있는 일은 없다. 배움은 우리를 젊게 하고 슬기롭게 만든다. 배움은 우리를 넓게 하고 깊게 하고 크게 만든다. 배우면 우리의 시야가 넓어질 뿐만 아니라, 우리의 정신의 눈을 뜨게 해서 한 차원 높은 수준의 인간을 만들어 내는 것이다.

독일의 시인이며 작가인 괴테는 '가장 유능한 사람은 부단히 배우는 사람'이라고 말했다. 부단히 배우는 자가 발전하고 무엇이나 배우려고 힘쓰는 자가 유능한 인물이 되고 대성하게 된다는 것이다.

성공적인 인생을 살아가기를 원하면 무엇보다 평생을 두고 부단히 배우는 일에 힘써야 한다. 배움이 인간을 성숙하게 하고 발전케 하기 때문이다.

바람직한 배움의 자세

우리는 어떠한 몸가짐으로 배워야 하는가? 올바른 배움의 자세는 무엇인가?

첫째, 모든 것에서 배운다는 마음자세로 배워야 한다.

우리는 모든 사람과 모든 사물에서 모든 것을 배운다는 겸손한 마음가짐으로 배움에 임해야 한다. 한문에 '만물교아(萬物敎我)'라는 말이 있다. 이 세상의 모든 사물이 나를 가르친다는 뜻이다.

배울 생각만 있으면 천하의 만물이 다 나를 가르치는 스승이 될 수 있다. 자연도 나의 스승이요, 사회도 나의 스승이다. 역사도 문화도 다 나의 스승이다. 우리는 책에서만 배우는 것이 아니다. 경험에서도 배우고 생활에서도 배운다. 특히 이 세상의 모든 사람들이 다 나의 스승이 될 수 있다. 훌륭한 사람만이 나의 스승이 될 수 있는 것은 결코 아니다. 어리석은 사람 부족한 사람도 다 스승이 될 수 있다. 훌륭한 사람이나 뛰어난 사람을 보면, 적극적으로 그 뛰어난 점을 배우고, 뒤지는 사람이나 좋지 않은 사람을 보고, 그 잘못된 점을 반성의 거울로 삼으면 모두가 나의 스승이 될 수 있는 것이다. 우리는 겸손한 마음으로 항상 모든 것에서 배우고 공부하는 사람이 되어야 한다.

둘째, 배우면서 사색하고 사색하면서 배우는 자세로 배워야 한다.

배움이란 참다운 삶의 방법을 찾아가는 길이다. 또 스스로 지혜를 깨우치고 새로운 것을 창조하기 위한 것이다. 그러므로 배우고 난 뒤에는 사색해서 배운 지식을 자기의 것으로 만들어야 한다. 그렇지 않으면 배운 지식이 나의 것이 되지 않는다.

책을 많이 읽어 지식을 받아들이기만 하고 사색하지 않으면 배운 지식이 분명치 않아 도리어 어두워지고, 반대로 공허한 사색만 하고 배우지 않으면 배운 지식을 합리적으로 뒷받침해 줄 지식을 갖지 못해 그 생각이 편협하고 독단에 빠질 위험이 있다. 그러므로 배우면서 사색하고 사색하면서 배우는 자세로 공부를 해야 한다는 것이다.

셋째, 배운 것은 반드시 실천한다는 자세로 배워야 한다.

우리가 배우는 것은 행하기 위해서다. 지식을 배우고 이론을 탐구하는 것은 행동과 실천을 통해서 참다운 삶을 살기 위해서다. 배워서 아는 지식을 활용하지 않으면 의미가 없는 것이다. 실천이 따르지 않는 지식은 죽은 지식에 지나지 않기 때문이다.

우리는 배우고 나면 사색하고, 사색해서 학문을 이루면, 이를 몸에 익혀 반드시 실천에 옮기는 사람이 되어야 하겠다.

우리는 젊은 시절에 부지런히 배우고 익히고 체험해야 한다. 그러나 배움에 있어서 편식을 하면 안 된다. 편식이 습관화되면 건강에 좋지 않듯 편협한 지식의 습득은 자칫 편협한 사고방식을 만들 우려가 있다. 되도록 많은 독서와 체험과 견문을 통해서 지식의 폭을 넓혀 나가야 한다.

우리는 겸허한 마음으로 언제 어디서나 누구한테나 항상 배우려고 애쓰는 사람이 되자. 이것이 습관화될 때 진정한 배움이 완성되고 훌륭한 인간으로 크게 성장할 수 있을 것이다.

독서하는
습관

책을 읽어야 하는 이유

사람은 책을 만들고 책은 사람을 만든다. 프랑스의 저명한 작가인 앙드레 지드는 '인간이 자기의 정신에서 만들어 낸 것 중에서 최대의 것은 책이다'라고 말했지만, 책처럼 위대하고 값진 것은 없다.

한권의 책이 한 인간의 운명을 바꾸기도 하고 사회개혁의 원동력이 되기도 하며, 인류 역사의 방향을 바꾸게 할 수도 있다.

독서는 정신적으로 우리의 눈을 뜨게 하고 우리의 심령에 감동을 느끼게 하며, 우리의 인격을 풍성하게 만들어 준다. 이렇듯 독서는 우리에게 즐거움을 주고 교훈을 주며, 살아가는 데 필요한 지식을 넓혀준다.

더욱이 학생들에게는 공부하는 데 필요한 기초 기능이 되기 때문에 어릴 때부터 책을 읽는 습관을 키워야 한다.

독서교육이 중요한 이유는 책을 읽는 동안에 독서에 필요한 집중력, 어휘력, 추리력, 상상력, 판단력, 비판력, 사고력 등이 길러지기 때문에 독서 능력이 풍부한 학생은 학교 공부도 쉽고 빠르게 이해할 수 있어서 공부하는 데 크게 도움을 받게 된다.

책 속에는 인류가 걸어 온 역사가 있고 모든 시대에 쌓여진 지식이 있다. 그리고 삶에 필요한 진리와 지혜가 담겨 있다.

우리는 독서를 통해서 동서고금의 위대한 성현들과 만날 수 있고, 또 그들을 통해 진리의 빛을 볼 수 있고 지혜를 배울 수 있고, 교훈의 말씀을 들을 수 있다. 뿐만 아니라 독서를 통해서 정신적인 성숙을 도모할 수 있고, 사회에 빨리 적응할 수 있는 능력을 키울 수 있다. 책을 읽어야 할 이유가 여기에 있고, 독서를 권장하는 이유 또한 여기에 있는 것이다.

효과적인 독서 방법

독서를 하는 데는 유의해야 할 세 가지 문제가 있다. 첫째는 '언제 읽어야 하는가' 하는 독서의 시기의 문제이며, 둘째는 '어떤 책을 읽어야 하느냐' 하는 독서의 종류의 문제이고, 셋째는 '어떻게 읽어야 하느냐' 하는 독서 방법의 문제이다.

첫째, 언제 가장 많이 읽어야 하는가?

요즘처럼 평생교육을 강조하고 있는 시대에는 평생을 두고 책을 읽어야 할 정도로 독서의 필요성이 절실하기는 하지만, 그 중에서도 책을 많이 읽어야 할 시기는 아무래도 10대 때이다. 이때가 가장 감수성이 강하고 흡수력이 왕성할 때라 이 시기에 많은 책을 읽어야 하고, 또 이때 읽은 책이 인생의 방향과 인격형성에 큰 영향을 끼치기 때문이다.

그런데 무슨 일이나 다 때가 있는 법인데, 우리네 10대에 해당하는 초 · 중 · 고 학생들이 입시에 매달려 필요한 책을 거의 읽지 못하고 있는 현실은 매우 안타까운 일이다.

그렇다고 책을 안 읽을 수는 없다. 스스로 독서할 수 있는 시간을 마련하고, 학교에서 추천하는 권장도서는 꼭 읽어야 하며, 꼭 읽어야 할 책을 미리 잘 선정해서 정독하는 것도 효과적인 방법의 하나가 될 것이다.

둘째 어떤 책을 읽어야 하는가?

책은 가려서 읽어야 한다. 아무 책이나 읽는다고 모두 마음의 양식이 되는 것이 아니다. 사람도 착한 사람이 있고 나쁜 사람이 있듯이 책에도 양서가 있고 악서가 있다. 그러면 양서란 어떤 책인가? 어떤 학자는 양서란 정신적 성장을 도와주는 책이어야 하고, 심금을 울리는 감동을 주는 책이어야 하며, 두고두고 다시 보고 싶은 책이어야 한다고 지적했다. 그럼 꼭 읽어야 할 책은 어떤 책일까? 일반적으로 저명한 학자들이 권장하는 책은 고전과 명저 같은 양서를 말하지만, 좀 더 구체적으로 적어 보면 다음과 같다.

- 정신자세를 계발할 수 있는 고전이나 교양서적.
- 역사적 위인들의 전기(傳記).
- 시대 상황이나 인물의 행동과 심리를 이해할 수 있는 명작소설.
- 각자가 종사하고 있는 전문 분야에 대한 전공서적.
- 현대사회에서 정보 습득과 시야를 넓힐 수 있는 신문과 잡지.

셋째, 어떻게 책을 읽을 것인가?

미국의 유명한 작가인 존 토드는 책을 읽는 방법에 대해 다음과 같이 조언하고 있다.

❶ 먼저 저자와 출판사를 살피고, 서문을 본 후 목차를 읽어 본다. 읽고 싶은 주제가 목차에 있으면 그것을 우선 시

험 삼아 읽어 보고, 그 결과가 매우 훌륭하고 가치가 있다면 읽어나갈 것이고, 그렇지 않고 기대에 못 미치면 읽어볼 가치가 없다.

❷ 읽어 나가는 과정에서 중요하다고 생각되는 부분은 연필로 밑줄을 긋거나 참고할 것이 있으면 공백 부분을 이용해 적어두면서 읽어 나간다. 이렇게 하면 읽는 것과 동시에 생각하고 판단하고 식별하고 선별하게 된다. 이렇게 하면 읽으면서 생각하고, 읽고 나서도 생각하는 정독의 습관을 기를 수 있다.

❸ 읽고 난 책의 내용에 대해서 돌이켜 생각해 보는 일에 상당한 시간을 가져야 한다. 독서를 하고 생각하지 않는 것은 식사를 하고 소화를 시키지 못하는 것과 같다. 뛰어난 학자들은 독서하는 데 보내는 시간의 4분의 1은 그런 성찰의 시간을 가져야 한다고 생각하고 있다. 조용히 사색하며 성찰한 것을 독후감으로 적어 남겨두면 나중에 도움이 될 것이다.

❹ 자기가 읽고 있는 책의 주제에 대해 친구들과 이야기를 나누는 것도 중요하다. 자신이 읽은 책의 내용을 다른 사람과 토론함으로써 확실하게 자기의 것으로 만들 수 있는 것이다. 그렇게 하기 위해서는 뜻있는 친구들이 몇 명쯤 모여서 독서 모임 같은 것을 만들 수 있으면 더욱 좋다.

❺ 독서를 하는 동안에 떠오른 아이디어나 후에 참고가 될 만한 것이 나오면 메모해 두는 것이 좋다. 독서를 하는 동안에는 머리가 비상하게 활발하게 움직이기 때문에 새로운 대담한 생각이나 적어 둘 만한 가치가 있는 생각이 많이 떠오르게 된다. 또 기억해 두어야 할 중요한 내용이 있을 때에는 그 자리에서 바로 메모 수첩에 적어두지 않으면 금방 사라져 버리기 때문에 항상 연필과 수첩을 옆에 두어야 한다. 그것을 나중에 항목별로 나누어 정리해 두면 보물처럼 중요한 참고자료가 될 것이다.

독서생활의 습관화

예로부터 걸출한 인물들은 누구나 열심히 독서하는 습관이 있었다. 따라서 독서하는 습관 없이 뛰어난 인물이 되기란 불가능하다.

영국의 철학자 베이컨은 '독서는 충실한 인간을 만들고, 대화는 뛰어난 임기응변에 능한 인간을 만들며, 집필은 치밀한 인간을 만든다'고 했다.

독서를 하지 않으면서 베이컨이 말하는 '충실한 인간'이 되어 보겠다고 하는 것은 좋은 음식을 섭취하지 않으면서 활력

넘치는 삶을 유지하고 싶다고 바라는 망상과 같은 것이다.

독서 생활을 습관화하자. 매일 마음 써서 독서하겠다는 다짐과 노력 없이는 독서 시간은 생기지 않으며 또 생활화될 수 없다. 독서 시간이란 만들어 내는 시간이다.

훗날 좋은 지위에 서고 싶다면 열심히 독서하는 습관을 가지자. 그렇게 된다면 급변하는 현대사회와 보조를 맞출 수 있다. 아니 오히려 남들보다 앞서 나갈 수 있을 것이다.

일기 쓰기
습관

일기 쓰기의 효과

일기란 날마다 그날그날에 생긴 일이나 겪은 일에 대한 생각이나 느낌을 적는 개인적인 기록이지만, 이를 습관화하게 되면 엄청난 부가가치가 창출된다.

글 쓰는 문장력이 키워지는 것은 말할 것도 없고 스스로를 성찰할 수 있는 시간을 갖게 되어 인간적인 완성을 기할 수 있다. 그래서 옛날부터 존경받는 인물이 된 사람들은 하나같이 일기 쓰기를 게을리 하지 않았다. 이순신 장군이 그랬고, 문학가 이광수가 그랬다.

특히 러시아 문학을 대표하는 톨스토이가 세계적인 대문호로 대성할 수 있었던 원동력은 평생 동안 실천한 일기 쓰기 습관에서 비롯되었다고 한다.

톨스토이의 일기 쓰기 습관

톨스토이는 유서 깊은 백작 가문의 넷째 아들로 태어났다. 하지만 불운하게도 두 살 때 어머니를 여의고 아홉 살 때 아버지마저 잃고 뒤이어 할머니까지 세상을 떠나자, 다섯 남매는 졸지에 고아 신세가 되고 말았다. 그 후 친척집에 의지하고 살아야 했던 톨스토이는 학교에 다닐 만한 형편이 아니었으므로, 혼자 목표를 세우고 공부할 수밖에 없었다. 그는 세워진 목표를 이루기 위해 뼈를 깎는 노력을 해야 했다.

그는 대학에 들어가겠다고 열심히 공부에 매달렸지만, 첫 시험에는 불합격했고 재도전 끝에 카잔 대학에 입학할 수 있었다. 그렇지만 대학 공부에 실망한 나머지 학교를 중퇴하고 고향으로 돌아가 약 2년 간 무려 300여 권의 학술서적과 500여 권의 문학, 종교, 음악, 회화 등의 책을 공부했다. 참으로 대단한 학구열이었다. 이 같은 높은 학구열이 대문호의 바탕을 이루어 놓은 것이다.

그러나 톨스토이를 세계적인 대문호로 만든 출발점은 하나의 좋은 습관에서 비롯되었다. 그에게는 열아홉 살 때부터 시작해서 평생을 실천한 습관이 있었는데, 그것은 다름 아닌 '일기 쓰기'였다. 그는 일기를 쓰면서 끊임없이 반성하고 계획을 세우며 실천했으며, 이를 통해 스스로를 단련해 나갔다. 그의 인간적인 완성은 일기 쓰기에서 시작되었다고 해도 과언이 아니다.

일기 쓰기는 그에게는 작품의 원천이 되었을 뿐만 아니라, 그의 문학적 결실을 만들어 낸 엔진과도 같았다.

톨스토이는 젊은 시절 한 때 어려운 여건으로 인해 방황을 거듭했지만, 이를 극복할 수 있었던 것은 일기를 통해 치열하게 자기를 반성하고 끊임없는 자기성찰로 거듭났기 때문이다. 따라서 그의 일기는 대문호로서 인격을 완성하게 한 참회록이나 다름이 없는 것이었다.

일기 쓰기는 자기성찰의 길잡이

인간의 마음가짐에서 가장 중요한 것은 자기성찰이다. 자기의 마음을 반성하고 살피는 것이다. 자기의 행위를 돌아보고 잘못이 있었는지를 살피고 잘못이 있었다면 겸허한 마음으로 뉘우치는 마음가짐이 되어야 한다.

부단한 자기성찰은 각성과 지각을 가져오고, 다시는 잘못을 저지르지 않겠다는 굳은 결심과 더욱 노력하려는 분발심을 가져온다. 자기성찰은 곧 참되고 바르게 성장하는 길이요, 자기의 뜻한 바를 바르게 성취해 나가는 길잡이기도 하다.

고대 희랍의 철학자 소크라테스는 '반성이 없는 생활은 살 가치가 없는 생활'이라고 말했지만, 자기 수양에 반성처럼 중요한 것은 없다. 반성은 인생을 올바로 값지게 살아가는 데 있어 방향을 조정해주는 구실을 하기 때문이다.

우리는 선현들의 수양생활을 본받아 매일 하루의 생활을 돌아보고 자기의 잘못을 살펴 후회 없는 삶을 살아야 한다. 그러기 위해서는 하루의 생활을 되돌아보게 하는 반성의 습관을 갖는 것이 무엇보다 중요하다.

반성하는 방법은 각자의 형편에 따라 다를 수밖에 없다. 종교인이라면 기도나 명상의 시간을 활용할 수 있을 것이다. 청소년들에게는 아무래도 일기를 쓰면서 하루의 생활을 반성해 보는 것이 가장 바람직한 방법이 될 수 있을 것이다. 일기는 매일 쓰는 것이므로 매일 반성하는 습관을 기르는 데 적합하기 때문이다. 그리고 반성은 일생을 통해 부단히 계속 되어야 한다. 일기 쓰기 또한 꾸준히 써야 한다.

종교개혁자 마르틴 루터의 말대로 매일 수염을 깎아야 하듯, 그 마음도 매일 다듬지 않으면 안 된다. 일기 쓰기의 습관화로 늘 자신을 살피고 채찍질할 때 온전한 사람으로 만들어지는 것이다.

자기를 소중하게
생각하는 습관

세상에서 가장 소중한 존재는 자기 자신이다

세상에서 가장 불쌍한 사람은 자기 스스로를 비하하고 자학하는 사람이다. 어떤 실수나 문제가 생기면 스스로를 성찰해서 바로 잡을 생각은 않고 자기 못난 것만 탓하고 자기 자신을 힐난하는 나쁜 습관에 젖어 있는 사람들이 많다.

이 세상에서 가장 소중한 존재는 자기 자신일 텐데, 자기 자신을 사랑하지 못하고 자신을 비하하고 자학하고 있는 것이다. 그래서 낙심과 위축과 좌절감의 포로가 되어 될 대로 되라는 심정으로 자포자기한 채 세상을 비관하며 살아가고 있다. 그러나 여기 망가질 대로 망가진 한 인간이 그 절망적인 상황을 용감하게 털고 일어나 정상인으로 복귀해 새 삶을 개척해 나간 본보기 인생이 있다.

인생 대역전극을 연출한 본보기 인생

잔혹하고 끔찍한 왕따, 할복자살 미수, 마약과 혼숙, 야쿠자 두목과 결혼, 호스티스 생활, 부모에 대한 폭행, 이쯤 되면 갈 데까지 간 황폐해진 인간 말종의 모습이 아닐까?

『그러니까 당신도 살아』라는 책을 펴낸 화제의 여인 오히라 미쓰요 변호사. 그녀는 그의 전력이 말해 주듯이 인생의 밑바닥까지 떨어졌다가 자신의 의지로 새 인생을 개척한 인간 승리의 본보기 인생이다.

어린 여중생의 몸으로 왕따를 당하고 그 고통에서 헤어나지 못한 채 생의 가장 깊은 나락까지 전락, 자포자기의 심정으로 온갖 비행을 일삼았던 그녀가 어느 날 인생의 전환점을 만난다. 그녀는 그 후 과거의 모든 것을 끊어 버리고 사법고시에 도전 마침내 변호사가 되어 비행청소년들에게 새로운 삶을 살아가게 해 주는 데 온 힘을 쏟고 있다. 그녀는 대체 어떤 사람이며, 무엇이 그를 정상인으로 이끌어 주었을까?

중학교 1학년 때 불량학생에게 미움을 받은 것이 원인이 되어 왕따를 당한 미쓰요는 집요하게 계속되는 왕따를 견디지 못해 열네 살 어린 나이에 할복자살을 기도했으나 미수에 그친다. 그날 이후 미쓰요는 자포자기의 심정으로 밤거리의 불량배들과 어울려 비행의 늪에 빠져들기 시작했다. 그러기를 3년, 그녀는 인생의 밑바닥까지 떨어져 갔고, 마침내는 열여섯 살에 조직폭력의 세계에 들어가 문신을 새기고 야쿠자 보스와 결혼까지 했다. 인생의 더러움을 다 겪으면서 그의 몸과 마음도 넝마처럼 너덜너덜해졌으며, 좌절로 뒤범벅이 된 생활은 희망을 잃은 채 썩어 들어갔다. 그러던 그녀가 인생의 전환점을 맞은 것은 스물두 살 때였다. 손님을 접대하기 위해 클럽을 찾은 아버지의 친구 오히라 씨를 우연히 만나, 그분의 끈질기고 간곡한 설득으로 새 삶을 결심하기에 이른다.

그러나 망가질 대로 망가진 그녀의 인생을 되돌리는 일은 쉽지 않았다. 만신창이가 된 그녀는 절망 속에서 모든 것을 포기하고 자학하기 일쑤였다. 그러나 아버지 친구의 거듭된 설득으로 마음을 열기 시작한 그녀는 과거를 깨끗이 청산하고 그때부터 헛되게 살아온 자기 인생을 되돌려 받기라도 하듯 공부에 매달리기 시작했다. 그리고 마침내 해냈다. 참으로 위대한 인생 대 역전극을 연출한 것이다.

자신을 왕따시켜 인생을 엉망으로 망가뜨린 그들에게 복수하겠다는 일념으로 살아 온 그녀가 그때까지 증오와 원망에 쏟아 부었던 모든 에너지를 자기의 뜻을 성취하는 데 쏟아 붓게 함으로써 그 힘든 과정을 견뎌내는 데 결정적인 힘이 되어주었다는 것이다. 즉 복수심이 자신의 성공비결이 되었다는 것이다. 그녀는 보란 듯이 일어나 상대를 뛰어넘는 성공을 보여줌으로써 멋진 복수를 한 것이다. 그녀의 인생 대 역전극은 인간이 지닌 재생의 가능성을 보여주었으며 '이렇게까지 망가져도 다시 시작할 수 있다'는 메시지를 전하고 있다. 그러면서 복수를 성공으로 승화시킨 그녀의 용기에 깊은 감동을 받게 된다.

이렇게까지 망가져도 다시 시작할 수 있다

우리는 인생의 밑바닥으로 갈 데까지 갔던 한 여자의 파란만장한 인생 역전을 보면서 몇 가지 귀한 교훈을 얻을 수 있다.

첫째는 복수를 아름답게 승화시킨 그녀의 성공비결이다.

'최대의 복수는 네가 보란 듯이 꿋꿋하게 일어서는 거야, 상대를 뛰어넘으면 네 속이 후련해질 거야, 그게 복수야, 이보다 멋진 복수가 어디 있겠느냐'라는 오히라 씨의 진솔한 충고에 그녀는 그때까지 증오와 원망에 쏟아 부었던 모든 에너지를 자기의 뜻을 성취하는 데 쏟아 부었다. 그 힘든 과정을 견뎌내는 데 복수심은 결정적인 힘이 되어 성공의 버팀목이 되어

주었던 것이다. 참으로 아름다운 복수가 아닐 수 없다.

둘째는 스스로 운명을 헤쳐 나가는 인간의 가능성들을 보여준 것이다.

망가질 대로 망가진 한 인간이 그 절망적인 상황을 이겨내고 정상궤도로 복귀하는 일은 결코 쉽지 않다. 그런데 그 연약한 작은 몸으로 그녀는 정말 엄청난 용기와 희망을 보여 주었다. 생의 깊은 나락으로부터 용감하게 털고 일어선 그녀의 강인한 의지와 극복의 과정은 인간이 지닌 재생의 가능성을 보여주었으며 '이렇게까지 망가져도 다시 시작할 수 있다'는 메시지를 전하고 있는 것이다.

그녀를 정상인으로 복귀하도록 일깨워 준 것은 '자기 자신을 소중히 여겨야 한다'는 오히라 씨의 간곡한 당부였다. 뒤늦은 깨달음이지만, 그녀는 지금까지 자기를 비하하고 자학한 것을 몹시 후회하면서 앞으로는 자기 자신을 사랑하기로 결심한 것이다. 자기 자신이 소중하다는 것을 깨닫게 될 때 비로소 자기 안에서 행복을 찾아내고 인생을 보람 있게 살 수가 있다.

우리는 누구보다도 먼저 자기 자신을 소중하게 여기는 습관을 길러야 한다. 그것이 자기를 떳떳하게 내세울 수 있는 길이며 세상에서 자기의 존재 가치를 보여주는 방법이기도 하다.

직업을 소중하게
생각하는 습관

바람직한 직업에 대한 인식

요즘 청소년을 대상으로 하는 직업에 관한 가이드 책들이 큰 관심을 끌고 있다. 서점가에서는 청소년들에게 꿈과 희망을 줄 수 있는 다양한 직업소개에 관한 책들이 판매가 잘 되고 있다고 한다. 그 만큼 청소년에게도 앞으로의 직업이 중요하다는 것을 입증하는 것이다.

인생에 있어 직업처럼 소중한 것이 없다. 인간의 가장 원초적인 먹고 사는 문제를 해결하는 데서부터 인생의 궁극적 목적인 자아실현을 이루는 데까지 모두가 직업을 통해서 이루어지기 때문이다.

직업은 소중하다. 직업을 단순히 먹고 살기 위한 생계 유지의 수단으로 여겨서는 안 된다. 그 직업을 통해 사람으로서의 도리와 사회적 역할을 다 한다는 보람을 가져야 한다. 그렇게 될 때 우리는 자기 직업에 대한 자부심이 생겨 정성을 쏟아 열심히 일하게 된다. 또 자기의 직업을 통해 자아실현을 이루고자 한다면 그 직업은 삶의 수단이 아니라 인생의 목적이라는 차원으로 바뀌게 되어 자기 직업에 긍지를 가지게 되고, 성취의 기쁨과 보람을 맛보면서 자아실현의 꿈을 실현하는 벅찬 감격으로 삶을 아름답게 살게 될 것이다. 거기에다 하늘이 나를 불러서 나에게 맡긴 사명이라고 생각하게 된다면, 그것은 금상첨화 격으로 내가 맡은 직업은 신성해지고 자랑스러워진다. 그렇게 될 때 우리는 소명감과 천직의식을 가지고 헌신적으로 일하게 될 것이다. 그래서 직업에 대한 바른 인식을 가질 필요가 있는 것이다.

세 석공의 직업관

어떤 곳에서 예배당을 짓고 있었다. 세 사람의 석공이 저마다 돌을 쪼고 있었다. 그런데 똑같은 작업을 하고 있으면서도 그들의 얼굴 표정과 일하는 태도가 너무나 판이했다. 지나가던 사람이 이 모습을 보고 의문이 생겼다. 똑같은 일을 하는데 왜 얼굴 표정이 저렇게 다를 수가 있을까?

한 사람은 불평불만이 가득한 못마땅한 얼굴로 돌을 쪼고 있었고, 또 한 사람은 아무런 표정도 없이 그저 묵묵히 돌을 두드리고 있었다. 또 다른 한 사람은 무엇에 신이 났는지 기쁜 표정으로 망치도 가볍게 콧노래를 부르며 즐겁게 일하고 있었다. 하도 이상하기도 하고 궁금하기도 해서 그들에게 다가가서 물었다.

"당신은 왜 그 일을 하고 있습니까?"

첫 번째 석공에게 물었더니 그는 이렇게 대답했다.

"죽지 못해 이 일을 하고 있소. 목구멍이 포도청이라서요."

같은 질문에 대해 두 번째 석공은 이렇게 대답했다.

"처자식을 먹여 살리기 위해 이 노릇을 하고 있습니다."

그런데 세 번째 석공은 이렇게 대답하는 것이었다.

"저는 이 세상에서 가장 훌륭한 교회를 짓기 위해 일하고 있습니다. 내가 돌을 정성껏 쪼면 장엄하고 웅대한 교회 건물이 만들어집니다. 나의 정성과 능력이 하나님께 영광이 된다고 생각하면 일하는 기쁨과 보람을 느낍니다."

이 예화는 인생에 있어 직업이 어떤 의미와 가치를 가지며 어떤 생각과 자세를 가지고 일을 해야 하는가에 대해 의미 있는 교훈을 주고 있다. 똑같은 일을 해도 일하는 사람이 어떤 마음의 자세로 일하고 있느냐에 따라서 다시없는 기쁨과 축복이 될 수도 있고, 반대로 더 할 수 없는 저주와 고역이 될 수 있다는 사실을 알 수가 있다.

바람직한 직업인의 자세

첫째, 일 자체에서 즐거움과 보람을 찾을 수 있는 직업을 택해야 한다. 직업의 선택은 인생의 가장 중요한 문제이다. 근 40여 년 동안 직업을 갖게 되는데, 자기가 하는 일에서 즐거움을 얻지 못하고 보람을 찾지 못한다면 그처럼 불행하고 비참한 것은 없다.

우리는 자기가 하고 싶은 일을 찾아야 한다. 자기의 개성과 적성에 맞는 직업을 선택해야 한다. 그래야 하는 일이 즐겁고 신이 나서 재미있게 열심히 일하게 되어 성과도 오르게 되고 보람도 생긴다.

러시아의 소설가이며 사회 활동가인 막심 고리키는 '일이 즐거우면 낙원이다. 일이 의무라면 인생은 지옥일 수밖에 없다'고 말했다. 이 말은 직업의 선택이 얼마나 중요한가를 일깨워 준다. 이처럼 중요한 직업 선택이 경솔하고 무책임하게 이루어져서는 안 된다는 경고이기도 하다.

둘째, 한 가지 일에 일생을 바쳐야 한다.

자기의 개성과 적성에 맞는 직업을 선택하고 그 직업에 평생을 바치는 것처럼 보람 있고 가치 있고 행복한 일은 없다. 인생 벽두에 직업 선택을 잘못하게 되면, 평생 동안 만족을 느끼지 못하는 불행한 직장 생활을 하게 된다. 그렇게 되면 보다 나은 직장을 구하기 위해 여러 직업 분야를 전전하며 방황하게 되어 직업적으로 성공을 약속 받을 수 없게 된다.

우리 속담에 '우물을 파도 한 우물만을 파라'는 말이 있듯이 한 직업을 끝까지 밀고 나가야 성공할 수 있다. 한 직업에 오래 머물러 있어야 그 직업에 대한 애정도 생기고 긍지도 생기고 열정도 생긴다. 또 그렇게 될 때 하는 일에 전문가가 되고 권위자가 된다.

우리는 자기가 일하는 분야에서 최고가 되어야겠다는 의지와 의욕이 있어야 한다.

셋째, 자기 직업에 성실해야 한다.

내가 맡은 일은 정성을 다해 성심성의껏 해야 한다. 내가 하는 일에 온 정성을 쏟아 최선을 다 하는 것이 직업에 대한 최고의 자세이다. 자기 직업에 애정도 긍지도 없이 무성의하고 무책임하게 일한다는 것은 직업인으로서 부끄러운 일이며, 사회에 대해 불성실한 것이다.

우리는 자기 직업을 천직으로 생각하고 자기의 능력과 정성을 다 바쳐 자기의 직책을 완수해야 한다. 충성심과 책임감을 가지고 자기가 맡은 일에 정성을 쏟아야 한다. 이것이 가장 높은 직업윤리다.

우리 인생의 행복과 불행의 많은 부분이 직업생활과 깊은 관계를 갖는다. 우리는 직업 선택을 심각하게 생각하고 신중하게 결정해야 한다. 직업과 적성이 일치하고 직업과 자기의 꿈이 일치한 사람은 더할 나위 없이 행복한 사람이다. 그래서 직업을 소중하게 여겨야 하는 것이다.

나는 행복하다고
생각하는 습관

행복은 어디에 있을까?

10대에게 행복을 논하기에는 '입시에 시달리고 있는데 무슨 행복이냐'라고 반감을 살 만한 것이 무리는 아닐 것이다. 그러나 지금 공부를 하고 있는 것에도 행복하다는 것을 느끼며 감사하게 생각해야 한다. 왜 그렇게 생각해야 하는지, 행복이 무엇을 의미하는지를 이야기하고자 한다.

사람은 누구나 행복해지기를 원한다. 아마도 행복을 원치 않는 사람은 이 세상에 아무도 없을 것이다. 그래서 어렸을 때 열심히 공부하는 것도, 자기 직업에 정성을 다 해 열심히 일하게 되는 것도 모두가 인생을 행복하게 살기 위해서다. 모든 사람들이 이처럼 나름대로 행복을 열심히 추구하는데도 불구하고 이 세상에 행복한 사람들보다 불행한 사람들이 더 많은 것은 무슨 이유일까?

행복보다도 불행이 더 많은 것은 인생의 불가피한 운명인가, 아니면 그릇된 행복관을 가진 사람이 많기 때문인가, 그것도 아니면 행복을 추구하는 방법과 지혜가 부족해서인가. 이에 대해 벨기에의 극작가 모리스 메테르링크는 그의 명작『파랑새』라는 소설을 통해서 우리에게 의미 있는 교훈을 시사해 주고 있다.

'크리스마스 날 밤 가난한 나무꾼의 두 남매가 꿈속에서 행복의 상징인 파랑새를 찾아 여행길을 떠난다. 미래의 나라도 가보고 회상의 나라도 가보며 여러 곳을 찾아 다녔지만 파랑새는 어느 곳에서도 발견할 수가 없었다. 실망해서 집에 돌아온 그들은 뜻밖에도 자기 집 새장에서 파랑새를 발견한다.'

행복이란 먼 곳에 있는 것이 아니고, 언제나 그 사람의 마음속에 있다. 그러므로 자기 자신의 마음속에서 그것을 찾아낼 수 있는 슬기를 가진 사람만이 인생을 행복하게 살아 갈 수 있다는 것이 작가가 우리에게 말하고자 하는 결론이다. 행복을 먼 곳에서 찾지 말고 가까운 곳에서 찾아야 한다. 높은 곳에서 찾지 말고 나의 생활 속에서 찾아야 한다. 밖에서 찾으려 하지 말고 내 마음속에서 찾아야 한다.

행복과 불행은 마음먹기에 달려 있다

어느 심리학자가 오랫동안 불행한 사람들에게 인생 상담을 해주고 있었는데, 상담하려고 찾아 왔던 사람들은 거의 전부가 행복할 수 있는 조건을 갖추고 있는 사람들이었음에도 불구하고 모두가 불행하다고 생각하고 있었다고 한다.

그러면 행복할 수 있는 사람들이 무엇 때문에 자기 자신을 불행하다고 생각하게 된 것일까? 그 원인은 지극히 간단하다. 그에 의하면 그들은 그릇된 행복관으로 해서 자기 자신 안에서 행복을 찾을 수 있는 지혜가 부족했기 때문이라는 것이다.

옛날에 어떤 할머니가 아들 형제를 두었는데, 큰아들은 맑은 날에 신는 짚신장사를 했고, 작은아들은 비오는 날에 신는 나막신 장사를 했다. 그래서 그 할머니는 언제나 얼굴에서 주름살이 펴지는 날이 없었다. 왜냐하면 날씨가 좋으면 작은아들의 나막신이 안 팔려 걱정이고 비가 오면 큰아들의 짚신이 안 팔려 걱정이 되었기 때문이다.

이웃에 사는 지혜로운 할아버지가 그 모습을 보고 안타깝기 짝이 없어서 할머니에게 물었다.

"할머니는 어찌하여 날마다 오만상을 찌푸리고 계시오?"

"생각해 보세요, 비가 오면 큰아들의 장사가 안 되어 걱정이고, 날이 맑으면 작은아들의 장사가 안 되어 걱정이니 어떻게 주름살이 펴질 날이 있겠어요?"

지혜로운 할아버지는 그 말을 듣고 크게 웃으면서 이렇게 말했다.

"그것은 마음을 잘못 먹었기 때문인 것을 아셔야 합니다. 날이 개면 큰아들의 장사가 잘 돼서 좋고, 비가 오면 작은 아들의 장사가 잘 돼서 좋은데, 할머니는 어째서 좋은 점은 버리고 나쁜 쪽으로만 생각을 해 언제나 불행하게 사신단 말이오. 할머니는 마음 자세 하나만 바꾸면 언제든지 행복하게 사실 수 있을 것이오."

그렇다, 참으로 지혜로운 충고이다. 마음 하나만 고쳐먹으면 불행은 얼마든지 행복으로 전환될 수 있다는 것을 깨우쳐 준 것이다. 행복이란 돈이나 권력이나 쾌락 같은 밖으로부터 주어지는 조건이나 대상물로 좌우되는 것이 아니라, 자기의 마음가짐 여하에 따라서 결정된다는 사실을 깊이 인식해야 한다.

어떻게 하면 행복해질 수 있을까?

사람들은 저마다 바쁘게 움직이고 있다. 모두가 행복을 창조하기 위해서다. 그러나 무엇이 과연 행복이냐, 또 어떻게 하면 행복해질 수 있느냐고 물으면 그 대답은 각양각색이다. 그럴 수밖에 없는 것이 행복은 상대적이기 때문이다. 똑같은 상황을 놓고도 어떤 사람은 행복으로 알고, 또 어떤 사람은 그것을 불행으로 여기는 일이 얼마든지 있다. 그렇기 때문에 행복을 느끼는 감정은 각각 다를 수밖에 없다.

그러나 어떻게 살아가든 진정으로 행복하게 살기를 원하면, 그 행복을 내 마음속에서 찾아야 한다. 그렇다면 어떤 마음가짐에서 찾아야 행복할 수 있을까?

첫째는 낙천적인 마음가짐에서 찾아야 한다.

모든 것을 긍정적으로 생각하고 기쁘게 받아들이려는 생활 태도를 가져야 행복하게 살아갈 수 있다. 사물을 비관적으로 보고 부정적으로 보는 사람은 마음이 불안하고 기쁜 날이 없다. 인생을 밝게 보고 선의로 대하고 감사하는 마음으로 살아가면 세상은 훨씬 밝아 보이며 살맛 나는 세상으로 보이게 된다. 모든 것은 생각하기 나름이고 마음먹기에 달렸다. 낙천적으로 살면 마음은 가벼워지고 기쁜 마음으로 행복한 시간을 보낼 수 있다.

둘째는 분수를 지키는 마음가짐에서 찾아야 한다.

분수를 지키고 자기 생활에 만족할 줄 알아야 행복하게 살아갈 수가 있다. 자기의 분수를 망각하고 분수에 지나치는 행동을 하면 반드시 불행과 파멸을 가져온다. 내가 가진 것에 만족할 줄 알아야만 행복해질 수 있는 것이다.

행복은 자기 자신이 결정하고 자기 스스로 창조하는 것이다. 언제나 나는 행복하다고 생각하는 습관을 몸에 익히면 기쁜 마음으로 행복한 나날을 보낼 수 있을 것이다.

시간을 효율적으로 활용하는 습관

시간을 소중히 여겨야 하는 이유

인생의 성패는 자기에게 주어진 시간을 얼마나 효율적으로 활용하느냐 못하느냐에 의해서 좌우된다.

시간을 가장 효율적으로 활용해 크게 성공한 미국의 정치가요, 과학자인 벤저민 프랭클린은 다음과 같은 시간에 관한 명언을 남겼다.

'만일 네가 네 인생을 사랑한다면 네 시간을 사랑하라. 왜냐하면 인생은 시간으로 구성되어 있기 때문이다.'

그렇다. 생명은 곧 시간이다. 시간을 낭비하는 것은 생명을 낭비하는 것이다. 시간을 아껴 쓰는 것은 생명을 아껴 쓰는 것이다. 인생을 사랑하는 사람이라면 모름지기 시간을 아껴야 한다. 시간은 곧 생명이기 때문이다.

러시아의 문호 톨스토이는 '이 세상에 가장 중요한 시간은 현재라는 시간이다'라고 말했다. 어떻게 보면 인생이란 실제로는 오늘 하루에 요약된다고 볼 수 있다. 어제는 이미 가버린 시간이고, 내일은 아직 오지 않은 시간이다. 내 앞에 현존하고 있는 것은 오직 오늘이라는 이 시간뿐이다. 내가 소유하고 있는 시간, 내가 활용할 수 있는 시간은 오직 현재뿐이다.

'오늘'이라는 이 시간은 두 번 다시 돌아오지 않는다. 우리가 지금 말할 수 있는 순간은 단 한 번뿐이다. 그 순간을 놓치면 우리는 다시 그 시간을 돌이킬 수 없다. 우리가 '지금'이라고 말하는 순간 지금은 곧 사라져 버린다.

그러므로 한 순간이라도 소홀히 보내서는 안 된다. 특히 청소년들은 젊기 때문에 자칫 시간의 소중함을 잊기 쉽다. 아직 살아야 할 시간이 주체할 수 없을 만큼 많이 남아 있는데, 그까짓 것 조금 헤프게 쓴다고 해서 표가 나겠느냐고 안이하게 생각할지 모른다.

우리가 시간을 소중하게 여겨야 하는 까닭은 그 일회성(一回性)에 있다. '지금'이라는 시간을 놓치면 다시는 그 시간을 활용할 수 없기 때문이다. '시간은 황금'이라고 옛 사람들은 말했다. 그러나 시간은 황금 이상의 것이다. 시간은 돈으로 살 수 없다. 천만금을 주어도 단 일 초의 시간도 살 수 없다. 이처럼 소중한 시간은 나이가 들어서야 비로소 그 가치와 소중함을 절실히 느끼게 된다. 젊었을 때는 시간이 귀하다는 것을 들으면서도 실감이 나지 않는다.

그러나 세월은 사람을 기다려 주지 않는다. 세월은 쏜살 같이 날아가 버린다. 그래서 젊은이들은 시간을 허비하지 말고 인생을 값있게 살아야 한다는 것이다.

금쪽같은 마지막 5분

시간의 중요성을 누구보다도 뼈저리게 느끼고 자기에게 주어진 남은 여생을 잘 활용한 본보기 인생이 있다면, 아마도 그 사람은 바로 러시아의 소설가 도스토예프스키가 아닌가 싶다.

도스토예프스키는 28세 때 내란음모사건에 연루되어 사형선고를 받고, 몹시 추운 겨울날 사형집행 현장에 끌려가 기둥에 묶였다. 사형집행 예정시간을 생각하면서 시계를 보니 자신이 이 땅 위에서 살 수 있는 시간이 5분밖에 남아 있지 않았다. 28년을 살아왔지만, 이렇게 단 5분이 천금같이 생각되기는 처음이었다.

그는 마지막 남은 5분을 어떻게 쓸까 생각해 보았다. 현장에 끌려온 동료들에게 마지막 인사를 하는 데 2분이 걸리고,

오늘까지 살아온 생활과 생각을 정리하는 데 2분을 쓰고, 남은 1분은 오늘까지 발을 붙이고 살던 땅과 눈으로 볼 수 있는 자연을 마지막으로 한번 둘러보는 데 쓰기로 했다.

그리고 눈물을 삼키면서 동료들에게 마지막 인사를 나누는 데 2분이 지나갔다. 이제 자기 자신의 삶을 돌이켜 보려는 순간 3분 후에 닥쳐올 죽음을 생각하니 갑자기 눈앞이 캄캄해지고 아찔해졌다. 28년이란 시간을 아껴 쓰지 못한 것이 참으로 후회가 되었다. 한번만 더 살 수 있다면 순간순간을 값있게 쓰련만, 그는 깊은 뉘우침에 사로잡혔다. 그러자 탄환을 장전하는 소리가 들렸고, 그는 죽음의 공포에 떨었다.

바로 그때 기적이 일어났다. 갑자기 사형 집행장 안이 떠들썩하더니 한 병사가 흰 수건을 흔들면서 달려오고 있었다. 황제의 특사령을 가지고 왔던 것이다. 그는 징역형으로 감형되어 시베리아 유형생활을 하면서 인생의 문제에 대해 깊은 생각을 하게 되었다. 그러면서 그는 사형 순간에 느꼈던 시간의 소중함을 평생 잊지 않고 시간을 금쪽같이 소중하게 아끼면서 살았다.

그는 가난한 생활을 하면서 인생에 대한 깊은 통찰을 했고, 『죄와 벌』, 『카라마조프의 형제들』과 같은 불후의 명작을 남겼다.

우리는 도스토예프스키의 마지막 5분처럼 시간의 소중함

을 절실히 느끼고, 우리에게 주어진 시간을 생산적으로 잘 활용해야 한다.

시간의 생산적 활용

로마의 철학자 세네카는 시간의 활용에 대해 이렇게 충고하고 있다.

'인생은 충분히 길다. 보람 있게 보낼 수만 있다면 우리의 인생은 위대한 일을 완성하는 데 부족하지 않을 만큼 길다. 그러나 방탕과 나태로 낭비해 버리거나 착한 일을 위해서 살지 않으면 어느 순간에 인생이 덧없이 지나가 버렸다는 것을 깨닫게 된다. 우리의 인생이 짧은 것이 아니라, 우리가 그것을 짧게 만들고 있으며, 또 우리가 그것을 낭비하고 있는 것이다. 막대한 재산을 엉터리 관리사에게 맡기고 있으면 순식간에 탕진해 버리지만, 얼마 안 되는 재산이라도 제대로 된 관리사가 가지고 있으면, 오래 지탱할 수 있고 그의 수단에 따라 불어나기도 한다. 우리 인생도 그와 같은 것이다.'

이 충고의 말에서 무엇인가 깨닫는 바가 있어야 한다. 사실 우리들의 생활을 잘 살펴보면 비합리적인 사고와 비능률적인 행동으로 인해 귀중한 시간을 낭비하는 것을 깨닫게 된다.

따라서 시간을 효과적으로 관리할 수 있다면, 일의 능률을 높일 수 있고 또 삶의 질을 향상시킬 수 있을 것이다.

우선은 시간의 낭비요소를 제거해 하루하루 주어진 시간을 최대한으로 활용하는 것으로부터 시작해야 한다.

하루를 일찍 시작할 것, 불필요한 일이나 행동을 하지 말 것, 계획을 세워 알차게 일할 것, 최적의 능률시간대를 찾을 것, 시작한 일은 내일로 미루지 말고 끝장을 볼 것 등 효율적인 활용방안을 실천에 옮겨야 한다.

우리는 젊었을 때 시간을 저축할 줄 알아야 한다. 젊은 시절에 열심히 투자하면 늙어서는 엄청난 시간의 이자를 보상받을 수 있을 것이다. 그러나 젊은 시절에 시간을 탕진해 버리면 늙어서는 자기가 탕진한 시간 때문에 반드시 후회하게 될 것이다.

그러므로 우리는 시간을 생산적으로 창조적으로 관리하고 활용하는 습관을 길러 뜻을 이루고 보람 있는 인생을 살 수 있도록 노력해야 한다. 그것이 꿈을 이루는 길이요, 보람된 인생을 창조하는 길이다.

스마트 폰 등을
효과적으로 관리하는 습관

스마트 폰에 몰입되고 있는 청소년들의 현상

요즘 버스나 전철 안에서 보면 어린 학생으로부터 젊은이들에게 이르기까지 스마트폰을 들여다보느라고 여념이 없다. 또 집에 돌아오면 TV 시청이나 인터넷 게임에 매달려 시간 가는 줄을 모른다. 하루 생활의 대부분을 이것들에 매달려 그 아까운 시간을 허비하고 있는 것이다.

물론 스마트 폰이 청소년들에게 생활필수품처럼 애용되고 있는 데는 그 나름대로 이유가 있다. 스마트 폰 하나로 통화도 할 수 있고 문자 메시지를 주고받을 수 있을 뿐만 아니라, 인터넷이나 TV의 기능이 있는 데다가 여러 가지 응용방법으로 원하는 정보를 얼마든지 얻을 수 있는 장점이 있기 때문이다.

그러나 문제는 이를 적절하게 사용하면 좋은데, 지나치게 몰입함으로써 정상적인 활동이나 생활이 불가능한 상태로 빠져드는 심각한 중독 증세와 정서 장애를 유발할 수 있다는 데 있다. 특히나 한창 학업에 열중해야 할 10대들이 자기계발이나 정서함양에 별로 도움이 되지 않는 부질없는 일에 소중한 시간을 너무 낭비하고 있는 것이다.

오염되고 있는 인터넷 공간의 심각한 문제들

사실 요즘의 인터넷 공간에는 건전한 정보나 지식보다는 쓰레기 같은 정보가 판을 치고 있다. 거기에 관심을 가지다 보면 자기도 모르는 사이에 세상을 보는 시각도 삐딱해서 무조건적인 체제비판, 헛소문의 전달, 유언비어 등에 동조하게 되어 건전한 사고를 하지 못하게 되는 지경에 이르게 된다.

거기에다 온갖 음해적인 캐릭터들로 무장한 온라인 게임, 기괴한 인터넷 소설의 범람, 자살권장 사이트, 익명의 채팅, 원조교제 등이 나이 어린 청소년들의 무분별한 호기심을 자극하고 있다. 또 필요한 정보를 얻기 위해 무엇인가를 검색하면 온갖 잡다한 선전물이나 광고가 먼저 쏟아져 나오고 또 나타나는 지식이나 정보도 출처나 신뢰가 불투명한 수박 겉핥기식 설명이 많다.

그런데도 10대들은 앞뒤 가리지 못하고 이에 몰입함으로써 자신의 발전에 투자해야 할 많은 시간들을 허망하게 날려보내고 있다.

효과적으로 관리하는 방법

이제 우리는 스마트 폰이나 인터넷의 구속에서 벗어나야 한다. 꼭 필요한 경우를 제외하고는 쓸 데 없는 장난으로 시간을 낭비해서는 안 된다. 특히 게임 같은 오락에 매달리지 않아야 한다. 그럴 시간이 있으면 책을 읽는 습관을 갖는 것이 훨씬 본인에게 이득이 된다.

독서야말로 자기가 얻고자 하는 지식과 정보를 바르게 얻을 수 있는 길이며 수단이다. 책에는 인터넷이나 스마트 폰에서 얻을 수 있는 것과는 달리 깊이 있고 책임 있게 정선된 것이므로 올바른 지식과 정보를 얻을 수 있다. 그래서 인터넷이나 스마트 폰의 중독에서 빠져나와야 한다는 것이다.

최근 보도에 의하면 우리 청소년 중 50%는 하루 평균 4시간 스마트 폰이나 컴퓨터를 끼고 살고 37%가 스마트 폰이 없으면 불안을 느낀다고 한다. 또 매일 평균 1시간 30분 정도를 TV 시청에 뺏기고 있다고 한다. 그러면서도 일주일에 두 번 이상 운동을 하고 있는 청소년은 10명 가운데 4명밖에 안 된다고 한다. 참으로 우리 청소년들의 앞날이 걱정되지 않을 수 없다.

얼마 전 미국의 오바마 대통령 가정에서도 TV, 인터넷, 스마트 폰 등에 대해 자녀들에게 엄격하게 통제하고 있다는 것을 보면 그것이 교육에 미치는 영향이 커서 모든 나라가 공통적으로 문제시하고 있음을 짐작할 수가 있다.

미셸 오바마(대통령 부인)에 의하면 열네 살과 열한 살의 두 딸은 TV 시청은 주말에만 할 수 있고, 컴퓨터는 숙제를 할 때 외에는 일절 켜지 못한다고 한다. 그리고 이번에 고등학교에 입학한 큰 딸은 스마트 폰을 갖는 것까지는 허락받았지만, 주말에만 사용할 수 있게 규제를 받고 있다. 또 두 딸은 평소에도 각자 두 가지씩 운동을 하고, 방 청소는 스스로 하도록 엄하게 가르치고 있다고 한다.

왜 그렇게까지 규제를 하지 않으면 안 되는지를 이 기회에 한번쯤 스스로를 돌이켜 보는 계기가 되었으면 한다. 물론 이렇게까지 규제할 수밖에 없는 것은 두말할 것도 없이 한창 공부에 매달려야 할 시기에 그것에 빠져 아까운 시간을 허비하는 일이 없어야 하기 때문이다. 그렇다고 그것들을 전혀 접촉

하지 말라는 것이 아니다.

그 내용을 검토해 그것이 자기에게 얼마나 도움을 주고 있는지를 따져 보고 선택적으로 활용하도록 하는 것이 좋다는 것이다. 또한 스스로 절제와 자제를 할 수 있는 힘을 키워 보는 것도 성장하면서 배우게 되는 삶의 지혜임을 명심하고 인내심을 키워보자.

선택해서 활용하는 습관을 키워야

모든 것이 다 그렇듯이 바람직한 것이 있으면 별로 도움이 되지 않는 것이 있기 마련이다. 문제는 이것들을 어떻게 활용하느냐에 달려 있는 것이다. 결국 선택의 문제로 귀착된다고 할 수 있다.

재미있다고 이것에 매달리다 보면 자기가 해야 할 일을 제때에 해 내지 못하는 일이 생기게 마련이다. 그래서 적절하게 조절하는 지혜가 있어야 한다.

스마트 폰이나 인터넷이나 TV 등에 집착하는 것은 곧 습관으로 굳어질 확률이 높다. 습관화되면 거기서 벗어나기가 어렵다. 이것들의 장점도 있지만, 지나쳐서 중독이라도 되면 자칫 인생을 망치게 될 수도 있다.

그러므로 중독되기 전에 자기 발전을 위해 특단의 결심으로 그 집착이나 중독에서 벗어나도록 힘써야 한다. 그러기 위해서는 평소 이것들을 효과적으로 관리하는 습관을 키워야 한다.

3

긍정적인 생각을 키우기 위한
좋은 습관

도전하고 또 도전하는 습관 / 나도 할 수 있다고 생각하는 습관
자신감을 키우는 습관 / 중도에 결코 포기하지 않는 습관
실패를 두려워하지 않는 습관 / 신념을 키우는 습관 / 역경을 이겨내는 습관
끈기를 키우는 습관 / 적극적인 정신으로 행동하는 습관
열등감을 극복하는 습관 / 집중력을 키우는 습관

도전하고
또 도전하는 습관

도전하는 자만이 정상에 오를 수 있다

인간이 인간답게 산다는 것은 도전하면서 사는 것이다. 산다는 것은 싸우는 것이다. 도전적 정신이 없이 인생의 큰일은 결코 이루어지지 않는다. 따라서 산다는 것은 분투노력하는 것이며, 목표를 향해 집중공격을 계속 하는 것이다.

그러한 삶 속에 감격이 있고 보람이 있고 발전이 있다. 그러나 정상에 도달하려면 무엇보다도 도전하는 용기가 있어야 한다. 그리고 악전고투하는 극기력이 있어야 하고, 실패하면 다시 일어서는 칠전팔기의 인내심이 있어야 한다. 그러한 도전정신이 있는 자만이 정상에 도달할 수 있는 것이다.

위대한 인물들의 공통점은, 불우한 환경을 탓하지 않았고 아무리 어려운 역경에 빠져도 좌절하지 않았으며, 남들이 다 포기 했을 때에도 포기하지 않고 도전했다는 것이다.

켄터키 프라이드치킨 도전의 행적

도전으로 일관해 정상에 올라 선 본보기 인생이 있다. 그 이름 케넬 할랜드 샌더스. 그가 바로 전 세계 80여 나라에 1만 3,000여 개의 매장을 거느린 세계적인 체인점을 일궈낸 켄터키 프라이드치킨을 창업한 입지전적인 인물이다.

그의 젊은 시절은 그야말로 불행 그 자체였다. 어린 나이에 아버지를 여읜 그는 어머니마저 가출해 버려 어린 동생들을 돌봐야 했다. 그 때문에 들어가는 회사마다 해고를 당해야 했다. 하는 수 없이 아버지가 남긴 유산을 정리해 사업을 시작했으나, 두 차례의 실패로 재산을 모두 탕진하고 말았다. 그는 마흔 살 때 한 주유소에서 일하게 되었는데, 찾아오는 손님마다 '이 동네에는 제대로 먹을 만한 음식이 없다'고 푸념 섞인 불평하는 말을 듣게 되었다. 사람들의 불평에 그는 아이디어 하나가 떠올랐다. 지나가는 손님이 부담 없이 사 먹을 수 있는 간편한 음식으로 닭튀김이 제격이라는 데서 착안하게 되었다.

샌더스는 곧장 아이디어를 행동에 옮겼다. 집에 딸린 작은 창고에서 직접 닭튀김 요리를 개발해 음식점을 차렸는데, 얼마 지나지 않아 샌더스의 음식 맛은 입소문을 타고 지역 신문과 잡지에 실리기까지 했다. 뜻밖의 대박이었다.

그러나 행복은 오래 가지 않았다. 얼마 후 사고로 아들이 죽고 아내에게 이혼을 당하는 신세가 되었고, 원인 모를 화재로 식당까지 불에 타버렸다. 다시 식당을 차려 재기하려고 했지만 식당 주변에 고속도로가 개통되면서 손님은 아예 뚝 끊겨버리고 말았다. 결국 식당은 경매에 넘어가 파산되고 마침내는 노숙자 생활을 할 수밖에 없게 되었다. 그 노숙자 생활을 하면서도 그는 자기만의 독특한 닭튀김을 개발하는 데 몰두했다. 그리고 계약을 맺기 위해 전국의 음식점을 찾아다녔다. 하지만 음식점 주인들은 그를 떠돌이 노인 정도로만 여겨 성사되지 않았다.

그는 3년 동안 무려 1,009곳에서 거절당했지만, 꿈을 포기하지 않았다. 그러다가 68세 때 1,010번째 찾아간 음식점에서 첫 계약을 성사시켰다. 첫 계약자는 레스토랑을 경영하는 피터 하먼이라는 사람이었는데, 그의 제안에 따라 KFC(켄터키 프라이드치킨)라는 상호로 체인 사업을 해보기로 했다.

그는 자동차를 몰고 전국을 돌며 아무 음식점에나 들어가 자신이 요리한 치킨을 맛보여 주고, 마음에 들면 체인점 계약을 맺자고 했다. 한 곳에서 성사되면 다음 또 다른 체인점을 확보하기 위해 전국을 돌아다녔다.

잠은 차에서 자고 세면은 고속도로 휴게소 화장실에서 해결했다. 그렇게 8년 동안 전국을 떠돈 그는 600여 개의 체인점을 확보할 수 있었다. 그 당시 샌더스는 무려 200만 달러를 벌어들여 큰 부자가 되었지만, 여생을 편하게 보내기보다 또 다른 꿈과 목표를 위해 도전했던 것이다.

샌더스의 끈질긴 도전 덕분에 현재 KFC는 전 세계 80여개 나라에 1만 3,000개가 넘는 매장을 가진 세계적인 프랜차이즈로 성공할 수 있었다.

도전하는 모습은 정말 아름답다

끊임없는 도전으로 늦깎이 인생에 꽃을 피운 샌더스 할아버지의 놀라운 집념과 성취에 감탄을 금할 수 없다. 그는 많은 시련을 겪은 비참한 인생을 살아왔지만, 꿈을 향해 도전하고 또 도전했다. 그 결과 그는 세계적인 기업가로 성장할 수 있었다.

샌더스의 위대한 점의 하나는 어떠한 어려운 역경과 거듭되는 실패 속에서도 결코 좌절하지 않고 포기하지 않았다는 점이다. 말이 쉽지 1,009번이나 거절을 당하면서도 포기하지 않고 다시 도전했다는 것이 믿어지지 않을 정도이다. 그의 좌절하지 않는 끈질긴 집념과 인내심에 그저 탄복할 뿐이다.

영국의 정치가 윌리엄 글레스톤이 '위대한 사람들이 위대한 사람이 되는 까닭은 수없이 많은 또 크나큰 실패를 맛보았기 때문이다'라고 했던 말이 새삼 실감나게 와 닿는다.

사실 실패 그 자체는 그다지 아름답지 않다. 그러나 실패한 사람이 굳은 의지를 가지고 도전하는 모습은 정말 아름답다. 성공한 사람들은 인생에서 실패는 없고 다만 잠시 성공하지 못했을 뿐이라고 생각한다. 그러나 성공하고자 하는 사람에게는 어려움이나 역경이 곧 성공이라는 목표로 나아가게 하는 원동력이 된다. 앞에 닥친 역경이라는 장애물을 뛰어 넘는다면 승리의 길에 도달할 것이기 때문이다.

역경이 결코 좋은 것이 아니지만, 문제를 해결해 성공에 이르는 과정을 거치면서 용기를 기르게 된다는 점에서는 반드시 필요하다고 할 수 있다. 역경은 곧 '성공으로의 디딤돌'이라고 할 수 있다. 누구도 이 디딤돌을 딛고 가지 않고서는 성공의 길에 들어설 수가 없기 때문이다.

우리는 꿈과 목적한 바를 이루기 위해 계속 도전해야 한다. 한두 번의 도전으로는 결코 달성할 수 없다. 넘어지더라도 오뚝이처럼 다시 일어서서 도전하는 습관을 키우자. 포기하지 않고 또 다시 도전하는 습관을 가지면 언젠가는 인생의 주인공이 될 수 있을 것이다.

나도 할 수 있다고
생각하는 습관

사람의 마음가짐이 성패를 가름한다

일의 성패는 그 사람의 능력보다도 오히려 그 사람의 마음가짐에 달려 있다. 어떤 일이 '반드시 이루어질 수 있다'고 믿으면 결국 그것이 사실로 나타나는 일이 많은 것도 이 때문이다.

좋은 결과를 얻기 위해서는 무엇보다도 '할 수 있다'는 긍정적인 신념이 있어야 한다. 그 신념이 자신감을 갖게 해서 좋은 결과를 약속하는 것이다.

신념을 가진 사람과 그렇지 않은 사람은 하늘과 땅 만큼이나 다르다. '나는 할 수 있다'는 확고한 신념을 가진 사람과 '나는 할 수 없다'고 생각하는 사람은 사물을 보는 태도와 인생을 살아가는 자세가 다르기 때문이다.

신념은 열의를 낳고 열의는 노력을 불러일으킨다. 그리고 어떠한 난관에도 용기를 잃지 않으며, 어떠한 좌절에도 단념하거나 포기하지 않는다.

He can do it, She can do it, Why not me?

미국에서 자수성가한 TYK 그룹의 총수 김태연 회장은 누구나 다 겪기 마련이지만, 그녀 또한 낯선 이국땅에서의 정착을 위한 생활은 너무나 힘에 겨웠다. 그것도 유색 인종으로서 더구나 여자의 몸으로 혼자 넘어야 할 산들이 너무나 많았다. 하지만 그때마다 그녀는 마음속으로 이렇게 다짐하곤 했다.

'He can do it, She can do it, Why not me?'

(그도 할 수 있고 그녀도 할 수 있는데 왜 나라고 못하겠는가?)

이런 식으로 자기에게 긍정적이고 적극적인 암시를 주고 늘 그렇게 주문을 외듯 다짐하니 어느 사이에 그녀의 사고와 행동, 태도와 성격에 커다란 변화를 일으켰으며, 또한 강한 신념이 형성되어 마침내 성공하게 된 것이다.

현재 그녀가 운영하고 있는 라이트하우스를 비롯해 환경, 컴퓨터, 인터넷, 피부미용에 이르기까지 사업을 확장해 연 매출 1,500억 원을 기록하는 우량기업으로 성장시켰다. 사업뿐만 아니라 태권도 도장인 정수원 아카데미의 그랜드 마스터로, 또 자신의 이름을 내건 방송프로그램인 '태연 김 쇼'의 진행자로 미국 내 저명인사의 반열에 올라 있다.

그녀는 변화를 원하는 젊은이들에게 이렇게 당부하고 있다.

"사람의 마음가짐이 인생을 결정짓는 중대한 역할을 한다는 사실을 잊어서는 안 됩니다. 안 된다는 생각 때문에 조바심을 내고 자학하는 것처럼 자신을 망치는 지름길은 없습니다. 그런 마음이 자신의 발전을 방해하는 가장 큰 적이라는 것을 알아야 합니다. 다른 사람들이 다 할 수 있는 일을 왜 자신은 못한다고 생각합니까? 모든 일은 '할 수 있다'는 자신감에서부터 출발합니다. 자신의 마음속에 꿈을 가지고 그것을 실현시킬 수 있다는 생각을 하면 그것이 바로 성공의 출발이 되는 것입니다. 그도 할 수 있고 그녀도 할 수 있는데 왜 나라고 못하겠습니까?"

신념은 실천될 때 생명이 있는 것

이탈리아의 저명한 지휘자 아투로 토스카니니는 신념은 실천될 때 비로소 생명이 있는 것이라며 다음과 같이 충고하고 있다.

'신념은 인간으로서 가장 중요한 것이다. 그러나 아무리 굳은 신념이 있더라도 다만 침묵으로써 가슴속에 품고 있으면 아무 소용이 없다. 어떤 대가를 치르고서라도 목숨을 걸고서라도 반드시 자신의 신념을 발표하고 실행한다는 용기가 필요한 것이다. 여기에서 비로소 처음으로 그가 가지고 있는 신념이 생명력을 가지는 것이다.'

우리는 확고한 신념을 가지도록 노력해야 한다. 확고한 신념을 갖기란 결코 쉽지 않다. 그러나 신념만 가지고 있다면 행동을 일으키는 힘, 자기가 추구하는 세계를 만들어 내는 힘도 주어지는 법이다.

우리는 자기 자신을 신념의 인간으로 만들어야 한다. 큰일을 하려는 사람은 큰 신념을 길러야 한다. 세상에 큰 업적을 남긴 사람은 모두 하면 된다는 자신감을 가진 사람들이다. 인생의 대업을 성취하려면 모름지기 확고한 신념을 가져야 한다.

미래는 '나도 할 수 있다'고 생각하는 습관을 가진 사람의 몫이다.

자신감을 키우는 습관

자신감은 성공의 제일가는 비결

우리가 일을 성취하는 데 있어 가장 중요한 것은 자신감을 갖는 것이다. 사람은 자신감을 가질 때, 두려움이 없어지고 당당해지며 하고자 하는 의욕이 생기고 하면 된다는 신념이 생긴다. 또 하려는 일에 용감하게 도전할 기백이 생기고 어떠한 고난도 뚫고 나아가려는 패기가 생긴다.

그러나 자신감이 없으면 언제나 두려운 마음이 앞서서 의욕을 잃고 의기소침한 채 아무 일도 해내지를 못하는 것이다. 그래서 미국의 철학자 에머슨은 '자신감은 성공의 제일가는 비결'이라고 했고, 프랑스의 나폴레온은 '지혜보다 자신감을 갖는 측에 늘 승리가 있다'며 일을 성취시키고 성공으로 이끄는 힘은 자신감에 있다고 지적하고 있다.

또 『대통령을 키운 어머니들』이란 책의 저자 보니 엔젤로는 '미국에선 대통령이 되는 데 가장 중요한 자질이 무엇이라고 생각하는가'라는 질문에 서슴없이 '자신감'이라고 말하면서 자녀를 성공인으로 키우고 싶다면 자녀들에게 자신감을 키워주라고 당부하고 있다.

자신감은 성공의 원동력이자, 승리의 비결이다. 자신감을 가질 때 우리는 난관을 극복할 수 있고, 또 뜻한 바를 성취해 나갈 수 있는 것이다.

Yes, you can!

미국 콜로라도 주 스프링필드 근처에는 아주 험한 고갯길이 하나 있다. 지형이 높고 험악해서 차가 통과하기가 어려운 고갯길이다. 사고도 종종 일어나 이곳을 지나가게 되는 차들은 처음부터 이 고갯길의 생김새만 보고도 겁을 먹고 돌아가기가 일쑤였다. 도시와 도시를 잇는 중요한 도로였지만, 사람들이 왕래하기를 꺼렸기 때문에 도로가 차츰 폐쇄 위기에 처하게 되었다.

그런데 이 험악한 고갯길에 언제부터인가 'Yes, you can!'

이란 팻말이 세워졌다. 고개 입구에 들어서는 모든 차량들은 먼저 이 커다란 팻말부터 보게 되었다. 그러자 참으로 놀라운 변화가 일어나기 시작했다. 처음부터 겁을 먹고 고갯길을 넘기를 주저하던 운전자들이 예전과는 달리 이때부터는 '그래, 나도 할 수 있을 거야!' 하는 자신감을 갖고 무사히 넘어갈 궁리를 하게 되었다.

'당신도 할 수 있다'는 낱말 하나가 대단한 반응을 불러일으켜 마침내 그 고갯길은 더 이상 두려운 고갯길이 되지 않았다는 것이다. 'Yes, you can!'이란 이 신념에 찬 한마디 말이 사람들을 분발시키는 거대한 위력을 지닌 마력의 언어가 된 것이다. 자신감은 이렇듯 놀라운 힘을 발휘하는 신념으로 바뀌어 두렵기만 했던 험한 고갯길을 웃고 넘는 고갯길로 바꾸어 놓았던 것이다.

자신감은 누구라도 키울 수 있다

자신감이란 자기가 하는 일에 자신이 있다고 믿는 마음이다. 자기의 능력과 가치를 믿으며 자기에게는 그것을 감당할 수 있는 능력이 있다고 믿는 것이다. 또 자기는 무가치한 존재가 아니라 쓸모 있는 사람이라고 믿는 것이다. 이러한 자신감은 용기와 신념을 갖게 하고 목적한 일에 용감하게 도전할 수 있는 힘을 만들어 준다.

자신감은 모두 후천적으로 얻어지는 것이다. 자신감을 가지고 태어난 사람은 아무도 없다. 자신만만하고 어디를 가든 당당해 보이는 사람일지라도 그러한 자신감은 모두 후천적으로 몸에 익힌 것이다.

누구라도 자신감을 키울 수 있다. 그러므로 성공하고 싶다면 지금부터라도 자신감을 키울 수 있는 방법을 배워 자신감을 키워나가야 한다.

자신감을 키우는 방법

『크게 생각하는 사람이 크게 성공한다』의 저자 D. J. 슈바르츠는 '자신 있는 생각을 가지기 위해서는 자신 있는 행동을 하라'고 권하고 있다. 그는 우리들에게 육체적 행동의 변화로 우리의 태도를 변혁시킬 수 있다고 말하고 있다. 예를 들어 자신이 미소 짓고 있으면 마음도 미소를 느끼게 되며, 또 몸을 구부리지 않고 반듯하게 유지하면 자신이 보다 의젓하게 느끼게 된다는 것이다. 이것은 동작 자체를 조절함으로써, 감정을 바꿀 수 있다는 것을 실증하는 것이다.

슈바르츠는 자신감을 가져다주는 다섯 가지 행동지침을 다음과 같이 제시하면서 이것을 실행하기 위해 의식적인 노력을 기울인다면 반드시 자신감에 찬 사람이 될 수 있을 것이라고 강조하고 있다.

첫째, 어떤 자리에서든 앞자리에 앉도록 노력해라.

학교에서나 어떤 집회에서나 모임에서도 많은 사람들이 뒷줄에 앉으려고 하는 것은 남의 눈에 띄고 싶지 않기 때문이다. 남의 눈에 띄기를 꺼리는 이유는 그들에게 자신감이 결여되어 있기 때문이다. 앞에 앉는다는 것은 자신감을 마련하는 길이며, 남의 눈에 띄는 것이 성공할 수 있는 길이다.

둘째, 상대방의 눈을 바라보는 습관을 가져라.

상대방의 눈을 똑바로 보지 못하고 피하는 것은, 상대방에게 자신의 열등감이나 죄의식을 나타내 보이고 있거나, 아니면 두려움이나 자신감이 없음을 보여주는 것이다. 상대방의 눈을 정면으로 바라봄으로써, 이 같은 공포에서 벗어나야 한다. 상대방의 눈을 똑바로 바라보는 것은, 자신감을 줄 뿐만 아니라, 당신에게 자신감을 쟁취하는 일이 되기도 한다.

셋째, 25% 정도 빨리 걸어라.

맥이 빠진 걸음걸이나 태도가 완만한 걸음걸이는 생기가 없는 자기 자신의 위축된 마음과 패배의 불안감을 나타내 보이는 것이다. 자신을 갖게 하는 일을 조장하기 위해서는 보통 사람보다 25% 정도 빨리 씩씩하게 걷는 테크닉을 갖도록 해야 한다. 어깨를 펴고 머리를 들고 보통 사람보다 좀 더 빨리 걸으면 자신감이 차차 확대되는 것을 느낄 수 있을 것이다.

넷째, 적극적으로 토론에 참여해라.

토론에 참가하는 것을 두려워하는 것은, 그들에게 토론 능력이 없어서가 아니라, 자신감의 결여 때문이다. 침묵을 지킬 것이 아니라 적극적으로 참여해서 질문하고 비판하고 의견을 제시해 보자. 그렇게 하면 아무리 소심한 사람이라도 여러 사람들과 이야기를 나누는 사이에 점차 자신감을 얻게 될 것이다.

다섯째, 크게 웃어라.

크게 웃는 것은 자신감의 표현이다. 크게 웃도록 하라. 이가 보일 정도로 크게 웃어야 한다. 조용한 미소는 소극적인 태도를 보이지만, 크게 웃는 것은 그 사람의 적극적인 태도를 보이게 하는 것이다. 큰 웃음은 공포를 제거하고 괴로움을 없애 주며 의기소침을 분쇄해 준다. 크게 웃어라, 대담하게 웃어라, 그리하면 자신감이 생길 것이다.

자신감은 위대한 힘의 원천이자, 인생의 가장 큰 활력소로 용기를 가지고 과감하게 앞으로 밀고 나가는 강력한 추진력이다.

우리는 자신감을 길러 두려움 없이 용감하게 자기의 앞날을 개척해 나가야 할 것이다.

중도에 결코
포기하지 않는 습관

실패해도 포기하지 않는 성공한 사람들

위대한 인물의 공통된 점은 불우한 환경을 탓하지 않았고, 아무리 어려운 역경에 빠져도 좌절하지 않았으며, 남들이 다 포기했을 때도 포기하지 않고 착실하게 자기의 뜻을 이루기 위해서 노력했다는 데 있다.

그런데 우리 주변에는 사소한 장애나 난관에도 쉽사리 단념하고 포기해 버리는 사람들이 적지 않다. 성공한 사람들의 이야기를 들어 보면 그 성공의 밑바탕에는 누구나 할 것 없이 쓰라린 실패의 아픔과 눈물이 있었다. 이들이 우리에게 주는 교훈은 몇 번이고 실패했더라도 절대로 절망하지 않았고 포기하지 않았다는 점이다.

실패하는 사람과 성공하는 사람의 차이는 그 실패 때문에 좌절해서 주저앉느냐, 그것을 경험으로 삼아서 더욱 분발하고 노력하느냐의 차이에 있다. 대부분의 실패는 개선하고 노력하면 뛰어 넘을 수 있는 실패이다. 일시적인 실패를 영원한 실패로 착각해 포기하는 데에 실패의 원인이 있다. 실패를 극복하기 위해서는 그 실패를 거울삼아 충분히 원인을 분석하고 검토해서 반성하고 새로운 방법을 강구해서 다시 목표에 도전하는 칠전팔기하는 용기를 가져야 한다. 실패는 결코 패배가 아니라, 성장하기 위한 시행착오이다. 절대로 포기하지 말고 오뚝이처럼 다시 일어나 다시 도전하는 것이다.

포기를 모르는 인생 윈스턴 처칠

윈스턴 처칠은 모르는 사람이 없을 정도 유명한 영국의 정치가이지만, 실은 그도 많은 실패를 거듭한 평범한 실패자들 중 한 사람이었다. 그러나 그는 결코 좌절하거나 포기하지 않았다. 그의 인생 역정을 한번 살펴보자.

그는 팔삭둥이 조산아로 태어나 말더듬이 학습장애인으로 학교에서 꼴찌를 했고, 초등학교 생활기록부에는 '희망이 없는 아이'로 기록되었다. 중학교 때는 영어 과목에 낙제점수를 받아 3년 동안이나 유급을 당했다.

결국 캠브리지나 옥스퍼드대학에는 입학할 수가 없어 육군 사관학교에 그것도 두 차례나 낙방했다가 겨우 입학할 수 있었다. 정치인으로 입문하는 첫 선거에서도 낙선하고, 기자 생활을 하다가 다시 도전해 당선되었다. 노동당에서 21년간 의정생활을 하는 동안 사회개혁을 주도했던 그는 성취보다는 실패와 패배가 더 많아 당적을 보수당으로 바꾸어 출마했으나 역시 첫 선거에서는 낙선했다. 이렇듯 그는 어려운 여건과 실패 속에서도 결코 좌절하거나 포기하지 않고 다시 도전함으로써 세계인이 존경하는 위대한 정치가로 추앙받게 되었다.

그는 두 차례나 총리직을 수행하면서 제2차 세계대전을 승리로 이끈 영웅이 되고, 문필에도 뛰어나 노벨 문학상 수상자가 되고, 위대한 업적을 남긴 정치인이 될 수 있었다.

세계에서 가장 짧은 명연설

처칠이 어느 날 옥스퍼드 대학에서 졸업식 축사를 하게 되었다. 그는 위엄 있는 차림으로 항상 애용하는 시가를 물고 식장에 나타났다. 처칠은 열광적인 환영을 받으며 천천히 모자와 시가를 연단에 내려놓았다. 청중들은 모두 숨을 죽이고 그의 입에서 나올 근사한 축사를 기대했다.

드디어 그가 입을 열었다.

"포기하지 말라!"

그는 힘 있는 목소리로 첫마디를 뗐다. 그리고는 다시 청중들을 둘러보았다. 청중들은 그의 다음 말을 기다렸다. 그가 말을 이었다.

"절대로, 절대로, 절대로 포기하지 말라!"

그는 다시 큰소리로 이렇게 외쳤다. 일곱 번의 Never Give up! 그것이 축사의 전부였다. 청중들은 이 연설에 우레와 같은 박수를 보냈다. 사실 이 박수는 그의 연설에 보낸 박수라기보다는 그의 포기할 줄 모르는 그의 인생에 보낸 박수였다.

우리가 뜻을 이루고자 한다면 고난 속에서 더욱 용감했고, 역경 속에서 성장했고 시련 속에서 더욱 늠름했던 처칠에게서 그 비결을 배워야 할 것이다.

절대로 절대로 포기하지 말라. 기약된 미래는 결코 포기하지 않는 습관을 지닌 사람의 몫이다.

실패를
두려워하지 않는 습관

현실은 괴롭지만 희망의 끈은 놓지 말라

실수나 실패를 한번도 하지 않은 사람은 없다. 누구든지 인생에서 몇 번 정도는 실패의 쓴 잔을 마셔야 한다. 인생행로에서는 실패라는 함정이 도처에 도사리고 있기 때문이다.

지금 우리 주변에는 입시에 낙방하거나 취직에 실패한 많은 사람들이 있다. 희망에 가득 차고 성공에 자신감을 가졌던 청소년들이 인생벽두에서 실패라는 난관에 좌절해서 실의에 빠지고 괴로움을 겪는 것을 볼 때 안타까움을 금할 수가 없다.

하지만 실망하지 말아야 한다. 현실은 괴롭고 절망은 끝이 보이지 않는 것 같지만, 희망의 끈을 놓지 말고 현실과의 싸움, 특히 자신과의 싸움에서 끈질기게 맞서 싸워 이겨야 한다. 먹

구름이나 소나기 없이는 무지개가 뜰 수 없다는 것을 명심하고 참아야 한다.

크게 실패한 사람이 큰 인물이 된다

실패의 경험은 소중한 것이다. 비록 성공하지 못했어도 적어도 자신이 실패한 문제에 대해서는 그 사람만이 가진 소중한 경험과 노하우가 이미 축적되어 있기 때문이다. 이와 같은 실패의 경험은 돈이나 그 무엇을 주고도 살 수 없는 귀중한 가치를 지닌다.

한편으로는 실패란 거꾸로 말하면 새롭게 출발할 수 있는 또 하나의 기회이기도 하다. 그러므로 실패했다고 절대로 좌절하거나 두려워하지 말아야 한다.

영국의 정치가 윌리엄 글래드스턴은 '위대한 사람들이 위대한 사람이 되는 까닭은 수없이 많은 또 크나큰 실패를 맛보았기 때문이다'고 말하고 있다. 가장 많이 실패한 사람을 든다면 아마도 에이브러햄 링컨을 들 수 있을 것이다.

그는 22세에 사업에 실패, 23세에 주의회의원 선거에서 낙선, 24세에 또 사업에 실패, 25세에 주의회의원에 당선, 27세에 신경쇠약과 정신분열증 발생, 29세에 주의회의장선거에서 낙선, 31세에 대통령 선거의원 낙선, 34세에 하원의원 낙선, 37세에 하원의원 당선, 39세에 하원의원 낙선, 46세에 상원의원 낙선, 49세에도 또 상원의원 낙선, 참으로 많은 실패를 거듭했지만, 그는 오뚝이처럼 다시 도전해 마침내 51세에 미국 대통령에 당선되었다.

이처럼 뛰어난 성공한 사람 모두가 실패의 경험을 가지고 있다. 바꿔 말하면 실패가 없는 사람은 성공하기가 어렵다는 것이다.

실패를 딛고 일어서면 새로운 세계가 열린다

'실패는 성공의 어머니'인 것이다. 실패를 했을 때 좌절감에 빠지면 영원히 실패자가 된다. 그러나 비록 실패했더라도 좌절하지 않고 실패를 극복하겠다는 끈기와 인내를 가지고 또 다시 도전한다면 성공의 기쁨을 맛 볼 것이다. 무엇보다도 실패했을 때 다시 일어나서 목표를 향해 나아가는 자세가 중요하다. 실패 없는 성공은 없다. 그래서 실패를 두려워하지 않는 습관을 몸에 익혀야 한다는 것이다.

우리는 실패에서 교훈을 얻어야 한다. 실패에는 반드시 그럴 만한 원인이 있는 법이다. 준비가 부족해서 실패하는 사람도 있고, 자기의 실력과 분수를 제대로 헤아리지 못해서 실패한 사람도 있다. 또 상황 판단을 잘못해서 실패하는 일도 있다.

지혜로운 사람은 실패에서 귀중한 교훈을 배운다. 실패한 것이 부끄러운 것이 아니다. 실패에서 깨달음을 얻지 못하는 것이 부끄러운 일이며, 같은 실패를 되풀이하는 것이 부끄러운 일이다. 경험은 인생의 가장 소중한 스승이다. 특히 실패의 경험은 우리들에게 많은 교훈을 준다. 그러므로 우리는 실패에서 슬기로운 지혜와 교훈을 배우는 총명한 인간이 되어야 한다. 그러한 사람만이 실패를 성공의 도약대로 삼을 수 있는 것이다.

실패를 두려워하면 아무것도 하지 못한다. 실패하면 그 실패를 딛고 넘어서면 되는 것이다.

다시 도전할 수 있는 기회는 언제든지 찾아온다. 우리는 기회가 왔을 때 그것을 재빨리 붙잡는 지혜를 가져야 한다. 기회가 찾아왔을 때 아무나 붙잡을 수 있는 것은 아니다. 실패를 거듭해도 실패를 두려워하지 않는 습관을 가진 자만이 찾아온 기회를 붙잡을 수 있는 것이다.

신념을 키우는
습관

신념은 위대한 힘의 원천이다

신념이란 '반드시 그렇게 된다'고 확신하는 마음이다. 인간에게 가장 큰 힘이 있다면 그것은 신념의 힘이다. 인간에게 신념보다 더 강한 힘은 없다.

신념은 위대한 힘의 원천이다. 신념은 불가능을 가능으로 만드는 위대한 힘이요, 무(無)에서 유(有)를 창조하는 놀라운 힘이다. 또 신념은 꿈과 이상을 현실로 변화시키는 기적적인 힘이다.

세상에 큰 업적을 남긴 사람은 모두가 신념의 힘을 잘 활용한 사람들이다. 인생의 대업을 성취하려면 모름지기 확고한 신념을 가져야 한다.

자신을 신념의 인간으로 만들어라. 그러면 반드시 인생의 승리자가 되고 성공한 사람이 될 것이다.

한 젊은 청년의 도전

경상북도의 어느 산골에 한 가난한 농촌이 있었다. 워낙 산골이라서 농사를 지을 땅도 적지만, 대부분이 천수답으로 빗물만 믿고 농사를 짓는 형편이었다. 그러니 가뭄이 심한 해에는 추수를 제대로 할 수가 없었다. 그들의 절실한 꿈은 풍부한 물을 갖는 것이었다.

그런데 이 마을에서 십 리쯤 떨어진 곳에 깎아지른 듯한 바위산이 병풍처럼 둘러서 있었는데, 강물이 푸른 물굽이를 치며 그 병풍바위 밑을 반원형으로 감돌면서 비켜 흘러가고 있었다. 여기에 한 청년이 엉뚱한 일을 생각해냈다.

'저 병풍바위를 뚫고 수로를 낸다면 물은 직류의 기세를 몰아 바로 우리 마을로 내달아 흐를 것이다. 그렇게 된다면 이 일대의 천수답과 밭이 기름진 논으로 변할 것이고, 가난한 이 마을의 농민들도 문전옥답을 가지게 되어 부유한 마을이 될 것이다!'

생각이 여기에 미치자 그는 몇 번이고 현지를 답사하고 그

가능성을 검토한 결과, 틀림없이 된다는 확신이 섰다. 그는 스스로 설계와 측량까지 한 계획을 가지고 마을 사람들에게 설명하고 마을사업으로 공동 추진할 것을 역설했지만, 마을 사람들은 냉담하기만 했다.

'아니, 그래 그 하늘을 찌르는 바위를 뚫고 수로를 낸다고? 그게 제 정신 가지고 하는 소리야!'

마을 사람들은 그를 무슨 사기꾼이나 미친 사람으로 생각했다. 그러나 그는 좌절하지 않고 용기 있게 바위산에 도전했다.

'함께 할 수 없다면 나 혼자라도 기어코 해낼 것이다. 언젠가는 그들이 반드시 합류하게 될 날이 올 것이다'

이렇게 다짐하며 삽과 해머를 메고 그 높이 솟은 병풍바위 앞에 다가섰다. 그리고는 드디어 해머를 들고 병풍바위에 도전했다. 힘차게 내려치는 해머에 단단하기만 했던 바위도 새빨간 불똥을 튀며 콩알만한 파편이 떨어져 나갔다.

'언젠가는 이 바위를 뚫고 힘찬 물줄기가 쏟아져 나오고야 말 것이다. 10년, 20년, 아니 나의 인생을 걸고 그래도 안 되면 나의 뜻을 계승하는 다음 사람에 의해서라도 일은 반드시 이루어질 것이다.'

이렇게 신념에 찬 그는 투지도 만만하게 바위를 뚫기 시작했다. 하루, 이틀, 열흘, 스무날, 암석과의 힘겨운 싸움이 이렇게 계속되고 있건만, 이 소문이 퍼지면 퍼질수록 마을 사람들의 비웃음 소리만 높아졌다.

그러나 지성이면 감천이라 했던가, 일부 동네 어른들이 그의 불굴의 신념에 감동해 그 일에 관심을 기울이기에 이르렀다. 관계기관에 건의서가 제출되고, 언론의 고무적인 보도가 힘을 북돋아 주었다. 드디어 정부에서는 수로공사의 기술적 검토를 거쳐 그 타당성을 인정하고 정부사업으로 확정했다. 마침내 그 공사는 정부주도 하에 진행되었고 마침내 젊은이의 꿈은 실현되었다.

지금 그 병풍바위 밑으로 넘실거리는 푸른 물이 직류의 코스를 타고 폭포수처럼 내리 쏟아지고 있다. 한 젊은이의 굳은 신념이 다시는 가뭄에 시달리는 일이 없는 수리안전답을 일구어 부농의 꿈을 실현시킨 것이다.

길은 뜻이 있는 곳에서만 열리게 마련이다.

신념의 인간이 되려면 어떻게 해야 할까?

이 이야기는 새마을 운동이 한창 일어나고 있을 때, 모든 국민들에게 '하면 된다'는 신념을 심어주며 영화화된 감동적인 드라마이다. '신념은 산도 움직인다'는 말이 있다. 신념이란 이렇듯 불가능을 가능하게 만드는 힘이며, 무에서 유를 창조해내는 원동력이다. 이 실화에서 신념은 꿈과 이상을 현실로 변화시키는 기적적인 힘이 된다는 사실을 우리에게 보여주고 있다.

우리는 자기 자신을 신념의 인간으로 만들어야 한다. 그럼 신념의 인간이 되려면 어떻게 해야 하는가?

신념을 가진 사람은 '나는 할 수 있다'는 자기 자신의 능력을 확신하는 사람이다. 신념은 믿음을 전제로 하기 때문에 믿음이 없이는 이루어 낼 수가 없다.

이 이야기 속의 주인공이 수많은 어려움을 겪으면서도 굴하지 않고 끝내 성공을 거둔 것은, 그에게 '할 수 있다'는 확고한 믿음이 있었기 때문에 불가능한 일을 가능케 한 것이다.

꿈을 품고 있다 해도 그 꿈이 현실로 실현되려면 그 꿈을 이루기 위한 노력과 성취에 대한 믿음이 있어야 한다. 믿음은 우리가 꾸는 꿈에 플러스 알파 효과를 가져다주고, 자신감을 주고 성취를 위해 노력할 수 있는 힘을 준다.

그렇기 때문에 신념의 인간이 되려면 무엇보다도 평소에 자신이 원하는 것, 되고 싶어 하는 것에 대해 반드시 이루어질 것이라고 믿는 마음자세가 되어 있어야 한다.

그러기 위해서는 언제나 '나에게는 능력이 있다', '나는 무슨 일을 해도 잘할 수 있다', '하면 된다'는 긍정적인 암시를 주고 늘 그렇게 마음먹고 다짐해야 한다. 그러면 무의식중에 놀라운 암시작용에 의해 생각과 행동, 태도와 성격에 커다란 변화를 일으키게 되고 또 강한 신념이 형성되어 뜻을 이루게 되는 것이다.

평소 자기 자신의 능력을 믿고 실천하는 습관이 신념을 키우는 길이 될 것이다.

역경을 이겨내는
습관

역경이 없는 인생은 없다

불행하고 순조롭지 못한 환경을 가리켜 우리는 역경이라고
한다. 역경은 아무도 바라지 않지만, 인생의 삶의 길목 곳곳에
도사리고 있다.

톨스토이는 '사람은 저마다 자기 십자가를 지고 인생을 살
아간다'고 했다. 역경이 없는 인생은 없다. 누구든 저마다 크고
작은 고난과 시련을 겪으면서 살아가는 것이 인생이다. 인생에
있어 역경은 피할 수 없는 삶의 과정이다. 따라서 이 역경을 어
떻게 극복해 나가느냐가 인생의 가장 큰 과제이다.

역경과의 싸움에는 두 가지 길이 있다. 정면으로 맞부딪혀
뚫고 넘어가는 적극적인 방법이 있고, 절망 속에서 이 역경이

저절로 물러갈 때까지 기다리는 소극적인 방법이 있다. 전자는 역경에 대한 도전이요, 후자는 역경에 대한 굴복이다. 도전할 것이냐 굴복할 것이냐의 선택은 온전히 자기 자신의 의지에 달려 있다. 다만 한 가지 분명한 것은 이 세상에서 승리하고 성공한 사람들은 하나같이 역경에 굴복하지 않고 용감하게 정면으로 맞부딪히며 역경에 도전한 사람들이라는 사실이다.

역경을 축복으로 바꾼 사람들

베토벤은 13세에 부모를 잃었고, 17세에 집안의 가장이 되었으며 늑막염으로 고통을 받으며 네 차례나 수술을 받았다. 더욱이 32세 때는 귀가 완전히 멀었는데, 이는 음악가에게는 치명적인 타격이었다. 그러나 베토벤은 견딜 수 없는 고통이 계속해서 닥쳐왔지만, 그때마다 이를 이겨내고 많은 명곡을 작곡해 마침내 악성(樂聖)이란 칭호까지 얻었다.

에디슨은 7세에 학교에 들어갔으나 저능아라고 해서 퇴학을 당했다. 그는 13세 때부터 신문팔이 등 여러 가지 직업을 전전하면서도 꾸준히 연구해서 발명왕이 되었지만, 그에게는 큰 신체 장애가 있었다. 그는 귀머거리였다. 그러나 그는 오히려 귀머거리가 된 것을 다행으로 여긴 사람이기도 했다. 시끄러운 잡음을 듣지 않고 오직 연구에만 몰두할 수 있었기 때문이다.

일본의 마쓰시다 전산의 창업자 마쓰시다 고노스케는 11세 때 부모를 여의고 고아가 되었지만, 이런 불우한 역경이 오히려 그에게 일찍 철이 들게 했고 강인한 자립심을 심어 주었다. 그는 체질이 허약해서 건강이 몹시 나빴는데, 그런 허약체질 때문에 남에게 겸손한 태도와 몸가짐을 가질 수 있었다. 또 그는 초등학교 4학년을 중퇴한 것이 학력의 전부였기 때문에 기회가 닿는 대로 늘 무엇이든 배우려고 노력했다.

이렇듯 위대한 인물들은 역경이라는 쓰라린 경험을 통해 오히려 정신을 강화하고, 그것을 자기발전에 도움이 되게 한 사람들이다.

나쁜 조건이 오히려 성공의 발판이 될 수 있다

성공이란 유복한 환경을 가진 사람이나 건강한 몸을 가진 사람 또 학벌이나 지식이 많은 사람만이 이뤄내는 것이 아니다. 자기 자신에게 주어진 여건이 아무리 불리하더라도 그것을 어떻게 내 것으로 유리하게 활용해 성공의 발판으로 삼느냐가 중요하다.

성공한 사람들은 아무리 어려운 여건과 환경 속에서도 그것을 불평하거나 원망하지 않고 이를 극복하려고 노력하지만, 실패한 사람들은 대부분 그 원인을 조건과 환경 탓으로 돌리는 경우가 많다.

하지만 조건과 환경이 좋다고 성공하는 것만은 아니다. 조건이 남보다 좋은 사람은 그 '좋은 조건'이 오히려 자신을 나태하게 만들거나 방심하게 만들어 실패하는 수도 있고, 조건이 나쁜 사람은 오히려 그 '나쁜 조건' 때문에 이를 극복하려고 노력해서 그것이 성공의 발판이 되기도 한다. 그들은 오히려 '나쁜 조건' 때문에 성공할 수 있었다. 즉 그들은 그 나쁜 조건을 극복하기 위해 분발했고, 또 나쁜 조건을 자기에게 유리하게 만들어 활용함으로써 성공의 발판으로 삼은 것이다.

역경은 삶을 성숙하게 만드는 디딤돌

많은 사람들은 역경에 부딪히면 곧바로 낙담하고 좌절하고 만다. 그러나 이러한 역경이 우리에게 성공으로 향하는 길을 터주기도 한다는 것을 잊어서는 안 된다.

역경은 한마디로 말해서 '삶을 성숙하게 만드는 디딤돌'이라고 할 수 있다. 누구도 이 디딤돌을 딛고 가지 않고서는 삶을 성숙하게 만들 수는 없는 것이다.

　역경을 극복하는 길은 무엇보다도 어려움을 견뎌내고 인내하는 습관을 길러 내는 데에 있다. 어렵고 힘들 때 우리는 듣지도, 보지도, 말하지도 못했던 삼중고의 헬렌켈러를 상기하자. 귀가 멀고도 위대한 작곡을 해낸 베토벤을 생각하고, 눈이 멀고도 『실락원』이라는 명작을 쓴 밀턴을 생각하면서 자기 앞에 놓인 어려움을 극복해 나가자.

　이렇듯 그들은 몸이 부자유하면서도 위대한 업적을 남겼는데, 사지가 멀쩡한 우리들이 못할 것이 무엇이겠는가, 용기를 내자! 그리고 다시 역경에 도전하자! 역경을 이겨내는 인내하는 습관만 길러낼 수 있다면, 자신의 삶이 더욱 성숙되는 것을 발견할 수 있을 것이다.

끈기를 키우는
습관

끈기는 누구나 키울 수 있다

우리 주변에는 끈기가 없다고 걱정하는 사람들이 적지 않다. 무슨 일이든 끈질기지 못하고 사소한 장애나 난관에도 쉽사리 단념하고 포기해 버리기 때문이다.

끈기는 일을 성취하게 하는 뒷받침이 되는 힘이라는데, 끈기가 없다면 앞날에 어떤 희망도 걸 수 없는 것 아닌가. 아닌 게 아니라 작심삼일 속에서는 어떠한 성공도 기대할 수가 없다. 그렇다면 끈기 없는 사람은 구제 불능인가? 결코 그렇지는 않다. 왜냐하면 끈기는 얼마든지 발전시켜 나갈 수 있기 때문이다. 끈기는 일종의 마음의 상태이다. 마음의 상태는 언제라도 변할 수 있는 것이다. 따라서 끈기는 마음가짐 여하에 따라서는 얼마든지 발전시켜 나갈 수 있는 것이다.

문제는 끈기를 꾸준히 발휘할 수 있는 여건을 만들어 줄 수 있느냐 없느냐에 달려 있다. 많은 사람들이 마음속에 품고 있는 자기의 뜻을 계속 추진하지 못하고 중단해 버리는 것은, 그것을 지탱해 줄 수 있는 확고한 동기가 부여되지 못했기 때문이다.

끈기는 목적한 바를 성취하고자 하는 의욕을 불러일으킬 수 있는 동기 유발이 이루어질 때, 비로소 발휘될 수 있는 것이다. 따라서 동기유발만 제대로 이루어질 수 있다면 끈기는 누구나 키울 수 있는 것이다.

동기유발을 할 수 있는 조건

첫째, 적성에 맞는 일을 하게 되면 끈기는 저절로 생긴다.

우리는 자기가 하고 싶은 일을 찾아서 해야 한다. 자기의 개성과 적성에 맞는 직업을 가져야만, 하는 일이 즐겁고 재미가 있어 싫증이 나지 않고 끈질기게 그 일에 매달리게 된다. 하고 싶은 일을 한다는 것이 바로 동기 유발이다. 끈기 있게 일할 수 있게끔 의욕을 북돋워 주는 동인(動因)은 바로 적성에 맞는 일에서 찾을 수 있다.

발명왕 에디슨은 하루 18시간 이상을 일했지만, 하는 일이 즐겁고 재미가 있어 자기는 일생 동안 하루도 일을 한 적이 없고 다만 장난을 했을 뿐이라고 말한 바 있다. 그는 일이 즐거워 일을 오락처럼 느낄 정도로 신이 났으니 끈기는 저절로 생길 수밖에 없다.

인류 생활에 획기적인 변화를 가져다 준 백열전등의 발명의 경우, 에디슨은 1,237번의 실패 끝에 발명했다고 한다. 보통 사람 같으면 몇 번 해보고 안 되면 중도에 포기하는 것이 상례인데, 말이 쉽지 천 번을 넘게 거듭 실험했다니, 그 끈질긴 집념에 탄복을 아니 할 수가 없다. 이렇듯 자기가 하는 일이 적성에 맞아 즐겁고 재미있으면 끈기는 저절로 생겨나는 법이다.

둘째, 목적의식이 분명하고 그것을 성취하겠다는 강한 욕망이 있으면 끈기는 발휘될 수 있다.

인간은 뚜렷한 목표를 가지고 있을 때, 그것을 달성하려는 열의가 생긴다. 또 그것을 성취하겠다는 욕망이 강할수록 끈질기게 밀고 나갈 수 있는 힘도 배가된다.

독일의 고고학자 슐리만은 젊은 시절 호메로스의 시를 읽고, 말로만 전해오던 트로이의 유적이 터키의 트로아스 지방의 땅속에 묻혀 있다는 확신을 가졌다. 그 유적을 자신의 손으로 발굴하는 것을 일생의 목표로 삼고 평생을 끈질기게 매달려 마침내 선사시대의 유적을 발굴해 내는 위대한 업적을 남겼다.

그는 30여 년을 그 목적만을 위해 계획을 세우고 준비하고 실천했다. 아무리 끈기 있는 사람이라 하더라도 한 평생을 한 가지 일에만 매달린다는 것은 결코 쉬운 일이 아니다. 그 끈질긴 집념, 좌절하지 않는 용기, 끝내 관철시킨 강한 의지력은 어디서 나온 것일까? 그것은 두말할 것 없이 확고한 목적의식과 강한 집념, 그리고 자기사업에 대한 확신과 자신감이 그로 하여금 끈기 있게 밀고 나갈 수 있는 힘을 만들어 준 것이다.

셋째, 성취하고자 하는 집념이 강하면 끈질기게 일을 추진할 수 있는 힘이 생긴다.

인간은 집념을 품을 때 그것을 성취하기 위한 온갖 노력을 시도한다. 목표에 수없이 도전하고 실패하면 다시 일어서고 끝까지 물고 늘어지는 강한 집념이 있기 때문이다. 이 집념이 끈질기게 일을 추구해 나가는 끈기 있는 사람을 만들고, 또 목적한 바를 성취하게 한다.

어느 회사에서 끈기 있는 직원을 채용하려고 아주 간단한 광고를 냈다.

'유능한 회계사 구함. 사서함 1720'

한 청년이 이 신문 광고를 보고 즉시 신청을 했다. 그러나 며칠이 지나도 아무런 회답이 없었다. 다시 내고 또 냈지만 어전이 회답이 없자, 그는 우체국에 찾아가서 사서함 1720의 수신이 누구냐고 물어 보았으나 아무도 가르쳐 주지 않았다. 우체국장을 찾아가서 부탁도 해 보았으나 거절당했다. 마침내 그 청년은 한 가지 방법을 생각해 냈다. 새벽에 그는 곧장 우체국에 달려가 사서함 1720 근처에서 망을 보다가 우편물을 꺼내가는 직원을 미행했다. 그 직원이 도착한 곳은 어느 무역회사 사무실이었다. 그 청년은 곧바로 사장을 찾아가서 자초지종을 말했다. 그러자 그 사장은 감격한 듯 말했다.

"젊은이, 당신이야말로 내가 찾던 끈기 있는 사람이오. 당신을 채용하겠소."

회계로 취직하겠다는 일념으로 막힌 길을 뚫고 끝내 목적을 이룬 이 청년의 집념은 참으로 가상하다. 대개의 경우 이력서를 냈다가 소식이 없으면 안 되는 것으로 알고 포기해 버리는 것이 상례이다. 그러나 이 청년은 끝까지 단념하지 않고 끈기를 가지고 나아감으로써 마침내 뜻을 이루었다. 이렇듯 집념이 강하면 그것을 성취하게 하는 끈질긴 힘도 주어지는 것이다.

끈기가 없다고 걱정하지 말라, 끈기는 노력으로 습관화할 수 있다. 자신의 노력으로 얼마든지 끈기 있는 사람이 될 수 있다. 끈기 있는 자만 자기의 뜻을 성취할 수 있는 것이다.

적극적인 정신으로
행동하는 습관

행동력의 차이가 성패를 가름한다

세상에는 다양한 사람들이 있다. 그러나 어느 분야의 사람이든 간에 다음의 두 가지 유형으로 나눌 수 있을 것이다. 그하나는 '성공한 사람'의 그룹이고 또 하나는 '성공하지 못한사람'의 그룹이다. 이 양자를 결정적으로 갈라놓은 요인은 무엇일까? 여러 가지 답이 나올 수 있겠지만, 가장 핵심이 되는요인은 아무래도 '행동력'의 차이가 아닌가 싶다.

성공한 사람들은 모두 행동이 적극적인 반면, 성공하지 못한 사람들은 행동이 소극적인 사람들이다. 이것의 차이는 정말로 결정적이라고 생각된다. 적극적인 정신을 가진 사람은 된다, 안 된다고 망설일 때 된다는 확신을 갖는다. 그러나 소극적인 정신을 가진 사람은 안 되는 쪽을 택한다.

플러스 반응형과 마이너스 반응형

『일본의 맹렬 경영자』라는 책을 쓴 마츠모토 준은 '당대에 뛰어난 경영자가 된 사람들이 어떻게 우수한 경영자가 될 수 있었는가'를 알기 위해 그들의 성장과정과 경영법을 조사하면서 그 원인이 어디에 있는지를 조사해 나갔다.

처음에는 선천적으로 천재이거나 수재였을 것이라는 데에 공통점이 있을 것이라고 생각했지만, 실제로 조사해 보았더니 뜻밖에도 그렇지가 않았다.

에를 들어 내셔널 상표의 전기기기 제품으로 유명한 마쓰시다 전산의 마쓰시다 고노스케 회장, 그리고 혼다 오토바이로 유명한 혼다기연 공업의 혼다 소이치로 회장이라고 하면 누구나 잘 알고 있는 세계적인 경영자인데, 겨우 초등학교 학력밖에 없으며, 더구나 학교 성적은 중하위에 가까운 편이었다. 이러한 사람들이 어떻게 최고의 경영자가 될 수 있었는지 참으로 놀랄 수밖에 없다.

그러면 대체 '어떤 점이 그들을 성공할 수 있게 만들었을까' 하고 조사한 결과, 그들은 모두 '플러스 반응형'이라는 것을 알게 되었다. 플러스 반응형이라는 것은 역경에 부딪혀도 좌절하지 않고 도리어 이것을 기회로 만들어 갈 수 있는 타입이다.

실패했을 때 낙담해서 자포자기하거나 실패의 책임을 남에게 전가시키려는 사람은 '마이너스 반응형'이다. 반대로 실패했을 때 자기의 결점이나 약점을 찾아 이를 시정해 나갈 수 있거나 더욱 분발해서 투지를 불러일으킬 수 있는 사람은 '플러스 반응형'이다.

리코 카메라로 이름난 리켄 광학의 이치무라 키요시 회장은 중학교에 들어갈 때 숙모로부터 학비의 도움을 받고 겨우 공부할 수 있었다. 어느 날 미국의 곡예비행사의 곡예비행을 보기 위해 숙모에게 관람료 5전을 줄 수 없겠느냐고 부탁했더니, 숙모집에 있던 사촌이 '평소에 학비까지 도움을 받고 있는 주제에 놀러가는 돈까지 달라고 하느냐'고 핀잔을 받자, 이 말에 몹시 섭섭했었는지 이튿날 중학교를 자퇴하고 말았다. 그는 매우 분했으나 이를 계기로 보란 듯이 성공해 보이겠다며 크게 투지를 불태웠다고 한다. 이처럼 역경에 놓여도 이에 의기소침하거나 낙담하지 않고 오히려 더욱 분발을 불러일으킬 수 있는 것을 플러스 반응형이라고 한다.

플러스 반응형은 곧 적극적인 정신을 가진 사람이다. 이들이 성공할 수 있었던 공통점은 열등감을 가지거나 실패하거나 역경에 빠졌을 때도 좌절하지 않고 자기가 하는 일에 열정과 정성을 다해 최선의 노력을 기울이며, 중도에 포기하지 않고 성공할 때까지 꾸준히 도전하며, 한 가지 목표가 달성되면 더 높은 새로운 목표를 설정해서 계속 전진하는 데 있었다.

적극적인 정신을 가지자

우리는 적극적인 정신으로 공부하고 활동해야 한다. 적극적인 정신을 가진 사람은 '할까, 말까' 하고 주저할 때에 '할까'의 길을 선택한다. '나아갈까, 물러설까' 하는 갈림길에서도 서슴없이 앞으로 나아가는 길을 선택한다. 또 '실패하면 어떻게 될까' 하는 불안보다도 성공했을 때의 기쁨을 먼저 생각한다. 한두 번의 실패로 맥없이 물러서지 않고 성공할 때까지 꾸준히 도전한다.

적극적인 정신의 소유자는 힘 있는 걸음걸이로 걷는다. 어깨를 펴고 씩씩한 자세로 나아간다. 보기에도 믿음직스럽다. 그의 얼굴에는 언제나 생기가 넘친다. 그는 일하는 것 자체를 좋아한다. 성취욕이 그의 가장 큰 행동의 동기다. 그는 시간을 아껴 쓰고 많은 사람들과 만나고 여러 가지 일을 계획한다.

그가 가장 좋아하는 것은 일하는 것이며, 그가 가장 싫어하는 것은 노는 것이다. 활동이 그의 친구요, 나태가 그의 적이다. 그에게는 절망과 불가능이 없다. 오직 희망과 가능성이 있을 뿐이다. 이러한 사람이 적극적인 정신을 가진 사람의 특징이다.

세상에 소극적인 정신을 가진 사람이 입신출세한 일이 없고 자수성가한 사람이 없고, 사회의 성공한 자가 된 예가 없다. 적극적인 정신을 가진 사람이 세상에 이름을 떨치고 부를 축적하고, 인생의 대업을 이룬 인물이 된다.

적극적인 정신에서 진취적인 기상이 생기고 도전적인 용기가 생기고 칠전팔기의 투지력이 생긴다. 적극적인 정신을 가진 사람이 인생의 무대에서 승리하고 성공한다. 그래서 적극적인 정신으로 인생을 살아가야 한다는 것이다.

우리는 적극적인 정신으로 배우고 행동하는 습관을 길들이자. 적극적인 정신 속에 승리의 기쁨이 있고, 삶을 아름답고 멋지게 살 수 있으며, 이것이 우리 인생을 행복하게 살 수 있는 지름길이다.

열등감을 극복하는 습관

●
●
●
●

열등감 없는 사람은 없다

사람은 누구나 얼마간의 열등감을 품고 있다. 머리가 나쁘다, 키가 작다, 학력이 짧다, 자라온 환경이 나쁘다, 직업이 좋지 않다, 의지가 약하다, 집중력이 약하다, 뚱뚱하다 등 이루 헤아릴 수 없을 정도로 많다.

세상에 이름을 크게 떨친 사람들 가운데도 열등감을 지니고 있었던 사람들이 많다. 레오나르도 다 빈치, 미켈란젤로를 비롯해 나폴레옹, 베토벤, 뉴턴, 에디슨, 링컨, 처칠 등에 이르기까지 많은 위인들이 열등감에 빠져 있었다고 한다.

대체로 열등감이라는 감정은 누구에게나 있으며, 그 자체는 해로운 것도 이로운 것도 아니다. 그러나 마음 자세에 따라 자기를 파괴하기도 하고, 반대로 사람을 크게 만들기도 한다.

앞에 예로 든 위인들도 열등감을 가지고 있었지만, 그것을 자기의 성장발전에 용수철로 삼아 이를 극복함으로써 자기의 뜻을 이루어 낼 수 있었다. 다 같이 열등감을 갖고 있는데, 누구는 성공하고 누구는 좌절하는가는 바로 자신의 열등감을 극복할 수 있느냐 없느냐에 달린 의지의 문제인 것이다.

인간을 황폐하게 만든 열등감의 위력

라흐마니노프라는 러시아의 유명한 작곡가가 있다. 그가 25세 되던 해에 어느 연주회에서 자신의 교향곡 제1번을 발표했는데, 그 연주가 얼마나 나빴던지 작곡가 자신이 연주 도중에 겁을 먹고 도망치듯 공연장을 빠져나와 버렸을 정도였다. 그는 얼마나 큰 충격을 받았던지 깊은 열등감에 빠져 이후 3년 동안이나 작곡에 손대지 않고 술이나 마시며 사람과의 접촉을 피하는 등 정신질환의 증세까지 보였다.

이러한 딱한 사정을 안타깝게 여긴 친구들이 그를 의사에게 데리고 갔다. 그런데 그 의사는 작곡가에게 약은 주려고 하지 않고 '새로운 작품을 하나 시작하십시오. 그 작품은 훌륭한 곡이 될 것입니다. 그리고 자신감을 갖고 즐거운 마음으로 생활하십시오'라는 격려의 말만 주문처럼 되풀이해서 들려주었다.

이에 힘입은 라흐마니노프는 의사의 권고대로 새로운 작품을 작곡하기 시작했는데, 몇 달 후 발표하자 예전에 경험해 보지 못했던 대성공을 거두었고, 그의 이름이 전 세계에 알려지는 계기가 되었다. 물론 정신상태도 정상으로 돌아왔다.

바로 이 작품이 오늘날 모든 고전 음악의 협주곡 중 가장 빈번히 연주되고 또 영화의 배경 음악으로도 자주 등장하는 라흐마니노프의 피아노 협주곡 제2번이다.

열등감의 원인과 극복 방법

이 실화는 열등감이 얼마나 자기실현에 중대한 저해요인이 되고 있는가를 잘 말해 주고 있다. 열등감에 빠져 있는 사람들은 위축된 마음과 실패의 공포 때문에, 무슨 일에나 두려움이 앞서서 어떤 결정도 내릴 수가 없고 또 앞으로 나아가지도 못하는 것이다.

라흐마니노프는 공연에서의 실패 때문에 심한 열등감에 빠져 또 다른 공연에서의 실패가 두렵고 무서워서 3년 동안이나 폐인처럼 살았다. 무엇이 이렇게 인간을 황폐하게 만들었을까? 그것은 두말할 것도 없이 자기가 하는 일에 자신감을 가질 수 없었기 때문이다.

그럼 열등감이 자기의 행동을 억제하고 능력 발휘를 저해하는 원인은 무엇이며 그 극복방법은 무엇인가?

열등감의 원인은 부정적인 자기암시의 효과 때문이다. 즉 '나는 능력이 없는 사람이다', '무슨 일을 해도 되는 일이 없다'는 부정적인 자기암시에 걸려 자기가 하는 일에 자신감을 가질 수 없기 때문이다.

이 열등감에서 벗어나는 길은 자기에게 긍정적인 암시를 주어 강한 신념을 길러내는 것이다. '나는 할 수 있다', '다른 사람은 하는데 왜 내가 못해', '하면 된다'는 암시를 주어 강한 신념을 길러야 한다. 그리고 또 하나는 자신의 열등감이나 약점에 마음 쓰지 말고 그 대신 자기가 자랑하는 것, 또 자기가 잘할 수 있는 강점에 눈을 돌려 이를 키워 나가도록 하는 것이다.

대체로 인간이란 어떤 종류의 열등의식을 갖고 있으면 다른 능력이 개발되는 것이다. 오른손이 없는 사람은 왼손을 잘 쓰게 되며, 시력을 잃게 되면 대신 청각이 발달한다는 것이다. 이 같은 보완작용은 신체에 있어서만 적용되는 것이 아니라, 마음에도 적용하게 되는 것이다.

문제는 열등감을 자기의 관심에서 몰아내고 이것에 대신하는 장점을 살리도록 노력하는 습관을 들이자는 것이다.

에디슨이나 처칠이나 아인슈타인도 자기의 열등감을 무시하고 강점을 살려 꿈을 이루게 된 것이다.

열등감에 사로잡히지 말라. 어떤 열등감도 극복할 수 없는 것은 없다. 열등감을 무시하고 강점에 올인하라. 그러면 열등감은 자연히 치유되고 자신의 꿈을 이루는 데 한 발짝 더 나갈 수 있는 계기가 된다.

집중력을 키우는
습관

잡념에서 벗어나야 집중력이 생긴다

'책을 읽어도 무엇을 읽었는지 잘 기억이 나지 않는다', '몇 번이고 계산을 해 보았지만, 할 때마다 답이 다르게 나온다', '할 일은 많은데 무엇부터 손을 대야 할지 도무지 엄두가 나지 않는다'. 이것은 모두 한마디로 정신집중이 되지 않아서 생기는 경우이다.

정신집중이 되지 않으면 무슨 일을 해도 능률이 오르지 않을 뿐만 아니라 실수까지 저지르게 된다.

일반적으로 집중력을 잃게 하는 조건 가운데서 대부분은 작업 중에 자기가 하는 일과는 관계가 없는 것에 마음을 뺏기는 잡념 때문이다. 마음의 안정을 해치는 이 잡념을 어떻게 해서든 물리치지 않는 한 집중력은 생기지 않는다.

그렇다고는 하지만 우리들의 생활은 지금 눈앞에 닥쳐 있는 공부나 일만이 아니라, 크고 작은 많은 일들이 마음을 쓰게 만들고 있다. 하지만 이러한 곤란을 어떻게 해서라도 극복하고 공부나 일에 집중할 수 있는 정신상태를 만들어가지 않으면 안 된다.

누구나 집중력을 발휘할 수 있다

한문에 '정신일도 금석가투(精神—到 金石可透)'란 말이 있다. 정신을 한곳에 집중하면 쇠나 돌이라도 능히 뚫을 수 있다는 뜻이다. 이것은 인간의 정신력이 한 목표에 집중되면 이루어지지 않는 일이 없다는 성현들의 가르침이다. 그런데 이 집중력은 흔히 천재들만이 가질 수 있는 것으로 알고 있지만 그런 것은 아니다. 사람들은 누구나 비슷한 집중력을 가지고 있다. 다만 그 힘을 어떻게 발휘하느냐에 따라서, 그 사람이 천재도 될 수 있고 평범한 사람도 될 수 있는 것이다.

집중력은 순발력을 낳고 순간적인 폭발력과도 같은 방대한 에너지의 근원이 된다. 태양광선 그대로는 종이를 태울 수 없지만, 볼록렌즈로 초점을 맞추어 주기만 하면 곧 종이를 태울 수 있는 것과 같다.

인간의 정신력도 비슷한 점이 있다. 그 자체로는 대단한 것이 아니지만, 일단 집중력이라고 하는 에너지를 한곳에 모으기만 하면, 천재와 같은 위대한 일을 할 수 있을 뿐만 아니라, 능력이 부족한 사람일지라도 가장 유능한 사람으로 변화될 수 있는 것이다.

실제로 천재는 예외로 하고 우리들 평범한 사람들의 경우 어렸을 때 비슷한 능력의 사람들이 10년, 20년이 지나는 동안 어느 틈엔가 크게 차이가 벌어진 것을 볼 수 있다. 왜 그렇게 되었을까?

그것은 두뇌가 좋고 나빠서가 아니라, 원래 우리들에게 갖추어져 있는 집중력을 어디까지 발휘할 수 있었는가에 따라서 차이가 생기는 것에 지나지 않는다. 다시 말하면 자신의 에너지를 한 점에 집중해서 일을 했는지 그렇지 않았는지에 달린 것이다.

집중력을 갖추지 않은 사람은 아무도 없다. 어떠한 사람이라 할지라도 적절한 조건이 갖추어졌을 때는 누구나 자기도 모르는 사이에 고도의 집중력이 발휘된다. 자기가 가지고 있는 집중력을 최대한으로 발휘할 수 있게 하는 방법을 터득하기만 하면, 공부를 하건 일을 하건 자기가 원하는 것을 성취할 수 있는 것이다.

집중력을 얻는 방법

그럼 집중력을 방해하는 요인은 무엇이며 집중력을 얻는 방법은 무엇인가를 살펴보자.

첫째, 정신을 산만하게 만드는 물리적 환경이 정신 집중을 방해하는 경우이다.

우리들의 일상생활에서 흔히 체험하는 것이지만, 우리를 둘러싸고 있는 주위의 물리적 환경으로 인해서, 무엇인가 마음이 산만하고 집중이 안 된다는 심리적 상태가 이에 해당한다. 예컨대 실내 온도가 너무 높거나 반대로 너무 낮으면, 만사가 귀찮고 잠이 오거나 너무 추워서 집중이 되지 않는다. 또 방안의 조명도 너무 밝아도 안 좋고 너무 어두워도 집중이 되지 않는다고 한다. 마찬가지로 소음의 문제도 민감한 사람에게는 대단한 방해가 되고, 반대로 지나치게 조용한 분위기도 오히려 마음의 안정을 저해하는 경우도 있다.

그러므로 여러 가지 물리적 환경과 자기 자신과의 관련성을 잘 확인해 어떤 조건일 때 집중이 잘 되는가를 파악하고, 거기에 가장 유리한 조건으로 환경을 조절해 집중력을 높여 나가야 한다.

둘째, 일에 대한 동기의 결여 때문에 정신집중이 안 되는 경우이다.

공부를 하는 데 흥미를 가질 수 없거나, 일을 하면서도 보람을 가질 수 없을 때 집중력이 발휘되지 않는 심리적 상태이다. 예를 들어 입시공부에 뜻이 없는 수험생에게 억지로 입시공부를 하게 하거나, 하는 일에 아무런 흥미도 의미도 느끼지 못해 싫증과 권태를 느끼는 경우이다.

그러면 어떻게 해야 마음을 다잡아 집중력을 발휘할 수 있게 할 수 있을까? 이런 경우, 그 공부나 일을 왜 하지 않으면 안 되는지 그 목적의식이나 문제의식을 납득할 수 있게 그 의미를 명확하게 해 주어야 한다. 즉 스스로 자기가 하는 일에 집중할 수 있도록 동기를 부여해 주는 것이 필요하다.

셋째, 공부하는 일이 지쳐서 집중력이 떨어지는 경우이다. 집중력이라는 것은 순발력과 비슷한 것으로 이것을 장시간에 걸쳐서 지속한다는 것은 매우 어려운 것이다. 아무리 정신 집중이 잘 되던 일도 시간의 흐름에 따라서 집중력이 약해지는 것은 당연한 일이다.

문제는 여기서 어떻게 하면 집중력이 감퇴되는 것을 막고 짧은 시간에 다시 집중할 수 있도록 하느냐 하는 것이다. 대부분의 사람들은 2시간 정도 정신을 집중하고 있으면 자연히 하던 일에 진력이 나서 몸이 나른해지고 주의가 산만해진다. 이런 때에는 중간 중간에 휴식이라든가 기분 전환의 시간을 갖는 것이 필요하다.

휴식이란 전혀 아무것도 하지 않는 것이 아니다. 휴식은 일종의 수리이다. 짧은 시간의 휴식에도 매우 커다란 수리력이 있기 때문에, 지치거나 피곤해지면 단 5분 동안이라도 쉬는 것이 집중력에 도움이 된다.

또 쉴 시간이 없으면 잠깐 동안 기분 전환을 위한 가벼운 운동을 하는 것도 좋은 방법이다. 먼저 온 몸의 긴장을 풀고 심호흡을 10회 정도 반복해 보면, 산소가 머릿속에 들어가 머리를 맑게 해주고 집중력을 높여준다.

집중력 향상을 위한 훈련법

한국언어문화원의 감양호 원장은 『자기의 계발 작전』이란 저서에서 집중력을 향상시키기 위한 훈련법을 다음과 같이 설명하고 있다.

첫째, 조건반사를 이용하라.

소음이라는 자극이 있어도 그것이 귀에 들어오지 않는다는 반응을 조건화하는 것이다. 그러기 위해서는 먼저 자기가 좋아하는 추리소설 같은 재미있는 책을 소음 속에서 읽는 훈련을 약 1주일 정도 계속하면, 그 다음부터는 소음 속에서 책을 읽어도 주위의 소음에 신경을 쓰지 않고 정신을 집중해서 일을 할 수 있게 된다.

둘째, 이야기를 듣고 그것을 요약해 보라.

뉴스를 듣거나 강연이나 연설을 들은 다음 그 요지를 요약해 보는 훈련을 계속하면 집중력이 향상됨과 동시에 경청하는 훈련도 되어 일석이조의 효과를 거둘 수 있다.

셋째, 책을 읽거나 산책을 하며 느낀 것을 기록하라.

보고 느낀 것을 집에 돌아와 하나하나 기록하거나 독후감을 쓰는 훈련을 계속하면 집중력과 관찰력 강화에 효과를 얻을 수 있다.

무엇이든지 열중하면 열중한 만큼 집중력은 높아진다. 우리도 뭐든지 열중해서 일하는 가운데 집중력을 키워나가는 습관을 기르자.

그 습관이 일을 성취하는 데 크게 기여할 수 있게 할 것이다.

4

인간관계를 원만하게 하는
좋은 습관

감사하게 생각하는 습관 / 약속을 지키는 습관
친절하게 대하는 습관 / 만남을 소중하게 여기는 습관
친구를 소중하게 여기는 습관 / 첫인상을 좋게 하는 습관

감사하게 생각하는 습관

범사에 감사해야 할 이유

감사는 행복의 문을 여는 열쇠이다. 감사하는 마음을 가질 때 인생은 사는 것이 기쁘고 즐거워진다. 사도 바울은 '범사(凡事)에 감사하라'는 진리를 가르쳤다. 종교는 은혜에 보답하는 생활을 역설한다. 우리는 모든 일에 고마워하는 마음을 가지고 살아가도록 힘써야 한다.

어떤 사람은 감사할 것이 아무것도 없다고 생각하는 사람도 있다. 그러나 곰곰이 생각해 보자. 우리는 남의 도움 없이 전적으로 자기 혼자 삶을 살아갈 수 없다.

우리는 이 세상에 태어나서 많은 사람들이 나에게 베푸는 은혜와 도움 속에서 살아간다. 나는 결코 내 힘만으로 살아가는 것이 아니라 남의 도움을 받으며 살아가는 것이다. 범사에 감사해야 할 이유가 바로 여기에 있는 것이다.

감사의 눈으로 보면 모든 것이 감사하게 보인다

러시아의 육군 장교였던 알렉산드르 솔제니친은 소련 공산 정권에 의해 문서날조 혐의로 체포되어 재판을 받고 시베리아에 있는 정치 수용소로 후송되어 그곳에서 11년이라는 세월을 보내야 했다. 그곳에 있던 죄수들은 상상을 초월하는 고문으로 심각한 고통을 받고 있었다. 그는 그들과 함께 모든 참상을 견뎌야 했다.

하지만 그는 정치수용소에서 종교를 통해 인생이 완전히 뒤바뀌는 경험을 했다. 석방 후 솔제니친은 『수용소 군도』라는 책을 통해 그 수용소의 참상을 폭로해서 1970년 노벨 문학상을 수상했다. 이 책에서 그는 다음과 같이 고백했다.

'감옥이여, 고맙소.'

그 지긋지긋한 감옥이었지만, 감사의 눈으로 보면 감옥도 고마울 데가 있는 것이다.

어느 날 교통사고가 일어났다. 사고 현장에는 수많은 사람들이 모여들었고, 여기저기서 신음 소리가 들리고 아우성치는 소리로 소란스러웠다. 부상을 당한 사람이 있는가 하면 죽은 사람들도 있었다. 이 아수라장 속에서 중상을 입은 아들을 붙들고 '오, 신이시여 감사합니다. 정말 감사합니다.' 하며 기도하는 여인이 있었다. 모두가 울고 야단들인데, 유독 기뻐하는 여인에게 다가가서 물었다. "아주머니, 보아하니 아드님 다리가 부러진 것 같은데, 무엇이 그리 좋아서 그렇게 감사하단 말씀을 하시는 겁니까?"

"왜 아니 감사합니까? 죽은 사람도 있는데, 내 아들은 다리 한쪽밖엔 상한 곳이 없지 않습니까? 그러니 감사할 수밖에요."

세상의 모든 것은 마음먹기에 따라서 행복과 불행이 엇갈리는 것이다. 모든 것은 마음먹기에 달렸다는 사실을 깨닫게 될 때 인생은 비로소 행복의 문 앞에 들어서게 되는 것이다.

무엇에 감사해야 하는가?

감사할 줄 모르는 사람은 사람이 아니다. 사람을 사람답게 만드는 근본은 감사할 줄 아는 데에 있다. 모든 것에 감사할 줄 알게 될 때 인간이 되는 것이다. 그럼 무엇에 감사해야 하는가?

첫째는 천지자연의 은혜에 감사해야 한다.

우리는 자연이 주는 혜택 속에서 살아간다. 자연은 인간의 생명을 유지해 나가는 데 필요한 모든 것을 공급해 준다. 햇빛을 주고, 공기를 주고, 물을 주고, 양식을 준다. 이런 것들을 충분히 공급해 주는 자연에게 감사함을 느끼는 성숙한 자연인이 되어야 한다.

둘째는 나라의 은혜에 감사해야 한다.

나라는 우리의 생존과 자유와 행복을 보장해 주는 튼튼한 울타리다. 지난날 나라 잃은 망국의 설움을 상기해 보자. 국가가 얼마나 소중한 존재인가를 깨닫게 될 것이다. 나라 없는 백성은 부모 없는 고아와 같은 것이다. 나라야말로 우리가 목숨 걸고 지켜야 할 민족의 보루이기 때문에 감사해야 한다.

셋째는 부모의 은혜에 감사해야 한다.

나를 낳아서 정성으로 키워주고 사랑으로 보살펴 주신 부모님의 태산 같은 은혜에 감사하고, 효도로써 그 은혜에 보답해야 한다.

넷째는 모든 사람들의 은혜에 감사해야 한다.

사람은 다른 많은 사람들의 도움이 있어야 제대로 살아갈 수 있다. 나도 많은 사람들에게 도움을 주며 살아야 하고, 도움을 받으며 살아야 인간답게 살아가는 것이다. 그들의 수고와 도움과 협력이 있었기에 오늘의 내가 삶을 유지하고 있는 것이다. 특히 나를 가르쳐 주고 계신 스승님, 나를 도와준 친구들, 알게 모르게 나에게 좋은 영향을 준 이웃들에게 감사해야 한다.

우리는 은혜를 알고 보답해야 한다. 그것이 사람으로서의 도리를 다 하는 것이며, 인간의 본분을 지키는 것이다. 감사할 줄 모르는 사람은 절대로 행복할 수가 없다. 행복하기를 원한다면 먼저 감사하는 마음의 훈련과 습관을 쌓아 나가야 할 것이다.

약속을 지키는
습관

약속은 자기가 한 말에 책임을 진다는 것이다

약속은 인간 생활의 첫째가는 계명이자, 사회생활의 기본 윤리다. 그렇기 때문에 약속에는 강한 구속과 의무감이 따른다. 그래서 약속한 것은 반드시 실천해야 한다. 사람의 말이 거짓되고 언행이 일치되지 않으면 신의를 잃게 되어 설 땅이 없게 된다.

약속을 한다는 것은 자기가 한 말에 대해 책임을 진다는 것이다. 책임을 진다는 것은 신용을 지킨다는 것이자, 거짓말을 하지 않고 양심을 속이지 않는다는 것이다. 이렇듯 약속은 명예와 신의를 전제로 하는 것이므로, 약속한 것은 반드시 지켜야 하는 것이다.

약속을 지키지 않으면 신뢰를 쌓을 수 없고, 신뢰가 없으면 다른 사람으로부터 신임을 얻지 못하게 된다.

대인관계의 근본은 신의이다. 이 신의는 작은 약속에서부터 쌓여진다. 약속을 지킬 때 서로 믿을 수 있고 서로 사랑할 수 있고 서로 도우며 살아갈 수 있다.

약속한 것은 반드시 지켜야 한다

도산 안창호 선생은 중국 상하이에서 일본 천황의 생일 축하식장에 폭탄을 던진 의거일에 일본 관헌에게 체포되었다. 그 날은 어느 동지의 자녀에게 생일 선물을 주겠다고 약속한 날이었다. 사건 당일 경계가 삼엄해서 주위사람들이 말렸지만, 그는 선물을 가지고 그 집에 갔다가 체포되었다. 어린이와의 약속쯤 안 지키면 어떠랴 싶겠지만, 도산은 이와 같이 어떤 경우에도 약속은 반드시 지키는 사람이었다. 새삼 도산의 인품을 읽을 수 있는 대목이다.

조선 정조 때 명신 정홍순(鄭弘淳)이 젊었을 때의 이야기이다. 영조가 동구릉에 거동했을 때 그는 동대문 밖에서 왕의 행차를 구경하고 있었는데 갑자기 비가 쏟아졌다. 그런데 옆에 선 어떤 젊은이가 갈모도 없이 비를 맞으며 서 있기에 정홍순은 갈모 한 개를 빌려 주었다. 그 젊은이는 이튿날 틀림없이 돌려주겠다고 약속을 했었으나 며칠이 지나도 약속을 지키지 않았다.

그로부터 20년이 지난 후 정홍순은 호조판서라는 높은 벼슬에 올랐다. 하루는 좌랑이 새로 발령을 받아 신임 인사를 하는데 자세히 보니 옛날에 갈모를 빌려갔던 그 젊은이였다. 그는 정홍순을 알아보고 크게 놀랐다.

"그대가 빌려 갔던 갈모를 돌려주지 않았으니 신용이 없음을 미루어 알 수가 있다. 어찌 국가의 막중한 재정을 다룰 수 있겠는가. 곧 사직을 해서 나라에 누를 끼치지 않는 것이 좋겠다."

그 젊은이는 결국 작은 약속 하나를 지키지 않은 결과로 벼슬길이 막혀 버렸다. 이와 같이 약속을 지키지 않는 사람은 신의가 없는 사람으로 인정되어 사회생활에 큰 오점을 남기게 된다.

약속을 지키는 습관을 기르면 신뢰가 쌓인다

독일의 철학자 니체는 '인간은 약속을 할 수 있는 유일한 동물이다'라는 의미 있는 말을 했다. 인간이기에 약속을 할 수 있고 또 지킬 수 있다는 말이다.

사람은 약속을 하면 반드시 지켜야 한다. 약속을 지킨다는 것은 언행을 일치시키는 것이다. 즉 말한 대로 행동하는 것이다.

현대사회는 계약사회다. 계약사회는 상호 약속이행을 기본원리로 삼는다. 약속을 지키지 않을 때 불신풍조가 만연해 계약사회는 무너지게 된다. 계약사회에서 가장 중요한 것은 상호 약속의 이행과 준수이다. 그러므로 약속을 할 때는 신중하게 생각하고 해야 한다.

가령 다른 사람의 부탁을 받았을 때는 그 일을 정말 완벽하게 해낼 자신이 있는지, 또 주변의 상황과 변화 요인은 없는지 파악하고 나서 승낙을 해야 한다.

약속을 해 놓고 지키지 않는 것은 상대방에게 무책임한 행동이 아닐 수 없다. 가볍게 하는 승낙 치고 믿을 수 있는 승낙은 드물다. 쉽게 승낙한다는 것은 앞으로 발생할 문제를 생각해 보지 않았음을 뜻하기 때문이다. 일단 가볍게 승낙했는데 나중에 일이 잘못 되기라도 하면 결국 사람들에게 불신감만 주게 된다. 이렇게 될 바에야 애초부터 불가능한 일은 승낙하지 않는 편이 낫다.

약속을 지키지 않으면 신뢰를 쌓을 수 없고, 신뢰가 없으면 다른 사람으로부터 신임을 받지 못해 더불어 살아가야 할 사회에서 그 만큼 자신의 설 자리가 좁아지게 된다.

그러므로 신의 있는 사람이 되려면 약속을 지키는 습관부터 길러야 한다. 이것이 좋은 친구를 얻는 길이자, 사회에서 자기의 활동 영역을 넓히는 데 기초를 닦는 일이 될 것이다.

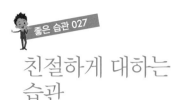

좋은 습관 027

친절하게 대하는
습관

우리나라 사람들의 친절의 현 주소

친절은 남에게 정답고 부드럽게 대하는 것으로 시작된다. 서로가 따스한 마음을 가지고 친절하게 대하면, 기분이 좋을 뿐만 아니라, 상대방에게 호감이 가서 금세 친근감을 갖게 된다. 친절은 인간관계를 부드럽게 하는 윤활유라고 했지만, 친절이야말로 사회생활에서 없어서는 안 될 활력소와 같은 것이다.

그런데 우리나라 사람들의 속마음은 그렇지 않으면서도 대인관계에서는 무뚝뚝하다는 평을 받고 있다. 이것은 지난날 오랫동안의 외침으로 인해 낯선 사람을 만나면 좀처럼 겉으로 호의를 나타내지 않는 습성이 굳어져서 무뚝뚝하게 되지 않았는가 싶다. 어찌 되었거나 오늘날의 친절에 대한 우리의 태도는 많이 개선되어야 한다고 생각한다. '무뚝뚝하다'는 이미지를 '싹싹하고 예의 바르다'는 이미지로 바꾸어야 한다.

작은 친절 큰 보상

폭풍우가 몰아치는 어느 날 밤, 어떤 노부부가 작은 호텔에 들어와 방을 찾았다. 그러나 호텔방은 이미 만원이었다. 노부부는 바람이 세차게 불어대는 밤거리로 다시 나가야만 한다는 사실에 무척 난감한 표정을 지으며 서 있었다. 다른 호텔들도 모두 만원이었기에 더 이상 갈 곳도 없는 터였다. 그때 노부부 앞으로 다가온 젊은 종업원이 방을 구해 드리지 못한 것이 자기 잘못이라도 되는 것처럼 걱정하면서 말했다.

"이렇게 날씨 사나운 밤에 나이 드신 어르신을 마냥 서성이게 해서 죄송합니다. 괜찮으시다면 오늘은 제 방에서 주무십시오."

노부부는 한 동안 망설였지만 종업원의 강한 권유로 그의 방에서 묵게 되었다. 다음날 아침 노부부는 계산을 하면서 종업원에게 말했다.

"당신을 위해 미국에서 제일 좋은 호텔을 지어주겠소."

종업원은 뜻밖의 제의를 받았으나, 조용히 미소로 답했다.

몇 년이 지난 후 이 종업원은 노부부에게서 뉴욕으로 초청하는 편지를 받았다. 종업원이 도착하자, 노부부는 웅장한 새 건물이 서있는 5번가와 34번가가 교차되는 길모퉁이로 그를 데리고 갔다.

"이것이 바로 내가 당신에게 지어주기로 약속한 호텔이오."

이 노인은 윌리엄 월토프 아스토였고, 이 호텔이 바로 그 유명한 월토프 아스토리아 호텔이었다. 젊은 종업원 조지시 볼트가 이 호텔의 첫 관리인이 된 것은 두말할 필요가 없다.

친절은 반드시 되돌아온다

작은 친절이 큰 보상으로 되돌아온 이 흐뭇한 이야기는 우리들에게 친절의 의미를 다시 한번 되새겨 보게 한다.

따지고 보면 그런 친절쯤 뭐 그리 대단한 것도 아니다. 마음이 착한 종업원이 노부부의 딱한 사정이 안쓰러워 자기의 방을 내어 주었을 뿐이다. 그렇다고 그런 친절을 아무나 쉽게 할 수 있는 것도 아니다.

호텔 종업원은 원래 마음이 착하고 동정심이 많았기 때문에 자연스레 그런 친절을 베풀 수 있었던 것이다.

그러나 비록 작은 친절이지만 순수한 마음에서 우러나온

친절은 노부부가 두고두고 잊을 수 없는 고마움으로 남아 있었을 뿐만 아니라, 마음속에 믿고 신뢰할 수 있는 사람으로 인식되어, 그 종업원에게 약속한 대로 호텔의 중책을 맡기게 된 것이다.

사람의 인연이란 참으로 묘한 것이다. 방을 못 구해 난감해하는 딱한 노부부에게 자기의 방을 빌려 준 그 작은 친절이 이렇듯 큰 보상으로 되돌아올 줄 누가 예상할 수 있었을까?

미국의 선교사 아더 스미스는 '당신의 친절이 다른 사람들에게 끼친 유쾌함은 훗날 반드시 당신에게 돌아올 것이며, 가끔은 이자까지 붙어서 되돌아오기도 할 것이다.'라고 했다.

친절은 무엇보다도 순수해야 한다. 어떤 대가를 바라고 하는 친절은 참된 친절이 아니다. 친절 그 자체가 목적이어야 한다. 그래야 상대방에게 감동을 주고 신뢰하게 되고 고맙게 여기게 된다.

친절에 필요한 조건

친절이란 남을 대하는 태도가 정답고 부드럽고 공손하고 성의 있는 것을 말한다. 정다운 표정, 부드러운 말씨, 공손한 태도, 성의 있는 봉사, 이 네 가지는 친절에 필요한 조건들이다. 정다운 표정과 부드러운 말씨는 친절의 첫걸음이다. 밝은 미소와 웃는 얼굴은 상대방의 기분을 좋게 해 줄 뿐만 아니라, 호감과 친근감을 주게 된다. '웃는 얼굴에 침 뱉으랴'라는 속담이 있듯이 어느 경우든 첫인상이 좋으면 다음 일은 쉽게 풀리기 마련이다.

공손한 태도와 성의 있는 봉사는 친절의 기초요 근본이다. 예의 바르고 겸손하게 대하는 공손한 태도는 상대방에게 신뢰감을 주게 되고, 성의를 가지고 남에게 봉사하는 자세는 상대방에게 기쁨을 주고 감사한 마음을 갖게 한다.

우리 모두 친절한 사람이 되자

친절한 사람이 되기 위해서는 무엇보다 정답게 인사하는 것부터 실천해야 한다. 사실 우리나라 사람들은 인사에 너무 인색하다. 장거리 여행하는 버스나 기차 안에서 옆 자리에 앉은 사람들과 한마디 말도 없이 종착지에 도착하는 경우도 없지 않을 정도이다.

이에 비해 서양 사람들은 처음 만나는 사람과도 때와 장소를 가리지 않고 스스럼없이 '안녕하세요' 하며 웃는 얼굴로 말을 걸고 인사를 주고받는다. 우리도 웃는 얼굴과 밝은 표정으로 반갑게 인사를 나누는 습관을 들여야 한다. 이것이 친절의 첫걸음이다.

다음으로 실천해야 할 일은 찾아온 사람에게 성의를 가지고 도와주려고 노력하는 것이다. 상대방이 바라는 것을 성심성의껏 도와주려고 노력할 때 신뢰감이 생겨 상대방에게 좋은 인상을 주게 된다. 이런 친절한 태도가 습관화될 때 인간관계가 부드러워져서 모든 사람으로부터 환영받는 사람이 되는 것이다.

만남을 소중하게
여기는 습관

만남의 중요성

인생은 나와 너의 만남이다. 만남은 나와 너의 관계의 시작
이다. 그래서 인간은 사회적 존재요, 관계의 존재요, 만남의 존
재이다. 만남을 떠나서 인간은 존재할 수 없고, 만남이 없이는
사회생활이 이루어지지 않는다. 만남은 대단히 중요한 의미를
갖는다. 그러나 언제 어떤 사람을 어떻게 만나느냐가 무엇보다
중요하다. 특히 젊은 시절에 어떤 사람을 만나느냐가 그 사람
의 앞날을 결정하기 때문이다.

『나와 너』의 저자인 마틴 부버는 '모든 참다운 삶은 만남에
서 비롯된다'고 말했다. 참으로 적절한 말이다. 참다운 삶은 참
된 사람을 만나는 데서 시작된다. 사람은 어떤 사람과 만나느

나에 따라 삶의 방향과 질이 얼마든지 바뀔 수 있다. 특히 그 어느 때보다 인생의 뜻을 진지하게 탐구하기 마련인 청소년기에 어떤 사람과 만나게 되느냐는 매우 중요하다. 어떻게 보면 세상에 이보다 더 중요한 것은 달리 없다고 말해도 지나친 말은 아니다.

헬렌 켈러와 설리번 선생의 운명적인 만남

헬렌 켈러는 미국 앨라배마 주에서 태어나, 생후 19개월 만에 중병을 앓아 눈과 귀의 감각을 완전히 잃어버렸다. 볼 수도 없고, 들을 수도 없고, 소리 내어 말할 수도 없었다. 켈러는 야수처럼 자랐다. 식사 때에는 손에 닿는 대로 집어 먹었으며 기분이 나쁘면 닥치는 대로 집어 던지고 부쉈다. 그나마 그녀에게 있어 불행 중 다행이었던 것은 유복한 가정에서 태어났다는 것이었다. 양친은 맹아교육으로 유명한 퍼킨스 맹아학교를 찾아가 교장선생님의 소개로 설리번 선생을 켈러의 가정교사로 맞이했다.

7세의 맹농아와 20세의 선생과의 운명적인 만남, 이 두 사람의 만남은 전세계 장애인에게 희망의 빛을 비추게 해준 만남이었다.

설리번 선생은 맹아학교를 우수한 성적으로 졸업한 수재였다. 그녀는 자기보다도 더 심한 신체장애를 지닌 켈러에 대해서 불타는 동정심을 가졌으나, 어떤 방법으로 치료해야 할지 참으로 난감하고 답답하기만 했다. 설리반 선생은 상상을 초월하는 인내심과 헌신적인 열의로 켈러의 교육에 임했다. 그녀는 여러 차례의 절망과 좌절에도 굴하지 않고 성심성의로 켈러를 교육시켰다.

보지도 듣지도 말하지도 못하는 아이를 가르친다는 것은 결코 쉬운 일이 아니었다. 아무리 연구하고 깊이 생각을 해 보았지만, 손으로 느끼는 촉감을 이용할 수밖에 도리가 없었다. 가령 물이란 것을 가르치려면 한쪽 손을 물에 적시고, 다른 한쪽 손바닥에 물이라는 글씨를 쓰는 그런 방식이었다. 그러면 켈러는 이 시원한 물질이 물이라고 손바닥에 새기는 촉감과 같은 것이라고 생각하게 되었다. 이와 같은 방법으로 설리번 선생과 헬렌 켈러는 손과 손을 잡고 생활하면서 가르치고 배우는 노력을 계속했다.

1888년 여덟 살이 된 켈러는 보스턴에 있는 맹아학교에 입학했고, 설리번 선생도 함께 동행했다. 켈러의 손가락으로 쓰는 글씨 말을 다른 아이들의 손에 쓰면 친구들이 그것을 알아주었다. 이렇게 켈러는 학교생활에 적응하면서 기쁨도 얻고 여유도 생겼다. 그러나 다른 맹아들은 입으로 소리 내어 말하는 데, 그들처럼 말할 수도 없고 들을 수도 볼 수도 없었으니 켈러는 슬프기만 했다. 설리반 선생은 어떻게 해서라도 말을 할 수 있게 하려고 애를 썼다.

켈러의 한쪽 손가락을 목구멍에 넣어서 대고, 한쪽 손은 입술에 대고 발음을 하게 하는 방법을 되풀이 연습하면서 다른 아이들이 켈러의 말을 들을 수 있는 발음을 하는 데 죽을힘을 다했다.

이렇게 일 년이 지나고 방학이 되어 집으로 돌아갔을 때, 켈러는 생전 처음으로 '어머니' 하고 불렀다.

그와 같은 피눈물 나는 노력을 수년 동안 계속한 끝에 그녀는 드디어 소망했던 대학에 당당히 입학할 수가 있었다. 대학에서 강의를 받을 때는 언제나 설리번 선생이 옆에 앉아 강의 내용을 켈리의 손에 열심히 적어 줌으로써 그 학문을 배울 수가 있었다.

이렇듯 참으로 어려운 공부를 한 보람이 있어 1904년 하버드 대학 클리프 칼리지를 우등으로 졸업함으로써, 삼중의 장애를 가지고서 대학 교육을 마친 세계최초의 여성이 되었다. 그 후 헬렌 켈러는 평생을 미국 전역은 물론 세계 각지를 돌며 강연을 하면서 장애인들의 위한 교육과 원호 등 복지활동에 헌신하는 봉사생활로 아름다운 생애를 보냈다.

그녀의 초인적인 정신력과 노력은 세계 장애인들에게 희망을 주었고 인간 승리의 표본이 되고 있다. 그렇지만 헬렌 켈러라는 한 인간의 뒤에는 설리번 선생님의 뜨거운 정성과 훌륭한 가르침이 있었음을 잊을 수가 없다. 만약 켈러가 설리번 선생을 만나지 못했더라면, 켈러의 숨겨진 재능은 영영 빛을 보지 못하고 묻혀버리고 말았을 것이다. 이렇듯 훌륭한 스승과의 만남은 훌륭한 제자를 탄생시키는 것이다.

행복한 만남이 되도록 선택을 신중히 하라

우리는 수많은 사람들과 만나지만 인연 있는 만남은 그리 많지가 않다. 우리는 살기 위해서 만나야 하고 만나야 관계를 맺을 수 있기 때문에 안 만날 수도 없는 것이 인간의 사회생활이다.

그러나 사람을 가려서 만나야 한다. 어떤 사람과 만나느냐에 따라 삶의 방향과 그 사람의 앞날이 결정되기 때문이다. 특히 청소년기에 만나는 사람이 그 사람의 앞날에 결정적인 영향을 미치기 때문에 정말 사람을 잘 만나야 한다. 내가 선한 사람이 되느냐 악한 사람이 되느냐, 내가 뛰어난 사람이 되느냐 하찮은 사람이 되느냐를 결정하는 것은, 결국 젊은 시절에 어떤 사람을 만나 어떤 영향을 받느냐에 따라 크게 달라진다는 사실을 명심하고 진지하고 신중하게 결정해야 한다.

인생에는 세 가지 중요한 만남이 있다. 첫째는 참된 친구와의 만남이고, 둘째는 좋은 배우자와의 만남이고, 셋째는 훌륭한 스승과의 만남이다. 이 세 가지 중 가장 중요한 만남은 스승과의 만남이다.

친구, 배우자, 스승, 이 세 가지 만남에서 뜻을 이룰 수 있다면, 그것은 당신이 얻을 수 있는 최고의 행운이다. 그러나 행복한 만남이 되는 것은 오직 자신의 선택에 달려 있다. 그래서 만남을 소중히 여기는 습관을 길러 슬기롭게 대처해 나가야 하는 것이다.

친구를 소중하게
여기는 습관

친구가 필요한 이유

친구라는 인간관계는 우리 생활에서 큰 비중을 차지하고 있다. 서로 주고받는 영향이 너무 크기 때문에 친구를 소중히 여기는 우리 전통은 우정을 인생의 높은 가치로 우러러 보게 했다. 특히 우리 사회와 같이 전통적으로 인간관계 중심의 사회에서 참된 친구를 사귄다는 것은 매우 중요하다. 사회에서 활동함에 있어서 서로 친구의 도움을 필요로 할 때가 너무도 많기 때문이다.

그래서 우리는 정다운 벗이 필요하고 서로 진심으로 마음을 터놓고 사귀는 막역한 친구가 있어야 한다. 특히 남자의 생애에서 우정은 결정적인 의미와 가치를 가진다. 친구 없는 남자는 인생의 낙오자요, 패배자이다. 우리는 고독하지 않기 위해서 정다운 친구가 필요하고, 가치 있는 삶을 위해서 참된 친구를 가져야 한다.

영국의 철학자 베이컨은 '친구가 없는 세상은 황야와 같다'고 말했다. 황야를 혼자 걸어가는 사람의 모습을 상상해보자. 얼마나 쓸쓸하고 처량하겠는가.

우리에게 어려움이 닥쳤을 때 같이 의논할 수 있으며 고난과 역경을 함께 뚫고 나갈 친구가 없다면, 우리들의 인생은 얼마나 쓸쓸해지겠는가. 친구가 없는 인생은 생각할 수가 없다.

그래서 우리는 참된 친구를 갖도록 힘써야 한다. 그렇다고 그 많은 사람들이 다 친구가 될 수는 없다. 예부터 참된 친구는 세 손가락으로 꼽기도 힘들다고 했다. 그 만큼 참된 친구를 만나기가 어렵다는 것이다.

참된 친구란 어떤 사람일까?

평생 동안 서로 아끼고 도와주며 돈독한 우의 속에서 살 수 있는 참된 친구를 가진다면 그보다 값진 재산은 없을 것이며, 그보다 행복한 사람은 없을 것이다.

그럼 어떤 사람이 참된 친구일까 생각해 보기로 하자.

첫째, 참된 친구란 신의가 있어야 한다.

서로 믿고 의지할 수 있고 서로 흉금을 털어 놓고 이야기할 수 있어야 한다. 그리고 친구와의 신의를 끝까지 지키는 친구가 참된 친구이다. 신의가 없는 친구는 참된 친구가 될 수 없다.

둘째, 참된 친구란 친구를 위한 희생정신이 있어야 한다.

친구의 사귐에는 응분의 손실도 보고 고민도 함께 나눈다는 자세가 되어 있어야 한다. 어려울 때 서로 도울 수 있는 친구가 참된 친구이다. 자기희생에 인색하면 신뢰할 수 있는 좋은 친구를 얻을 수 없다.

셋째, 참된 친구란 의기투합하는 친구이다.

뜻을 같이 해서 위대한 것에 공통의 목표를 가지고 서로 일깨우고 자극을 주고 격려하면서 부단히 서로의 발전을 도모해 나가는 친구라면 더 바랄 것이 없는 참된 친구이다. 서로 협력해서 크고 높은 가치를 지향해 나아갈 때 가장 이상적이고 창조적인 우정이 탄생하는 것이다.

참된 친구를 얻는 방법

미국의 철학자 에머슨은 '친구를 얻는 유일한 방법은 스스로가 남의 참된 친구가 되는 것이다'라고 했다. 그렇다! 참된 친구를 얻으려면 스스로가 참된 친구로서 신뢰하고 사랑하는 인간이 되어 주어야 한다.

벗이 아무 이유도 없이 당신을 찾아 올 리가 없으며, 아무 이유도 없이 서로 마음이 통하는 벗이 될 리가 없다. '비슷한 깃털을 가진 새들이 무리를 이룬다'는 서양 속담과 같이 참된 친구는 참된 친구끼리 유유상종하게 마련인 것이다.

그럼 참된 친구를 얻으려면 어떻게 해야 할까?

무엇보다 성실과 진실한 마음으로 사귀고, 서로 깊이 이해하고 아껴주며, 예의와 신의를 지키고, 고락을 함께 나누는 자세가 되어야 한다.

자기를 위해 친구를 이용하거나 덕을 보려는 이기적인 사람은 평생 참된 친구를 가지지 못한다. 더욱 자기희생에 인색해서는 참된 친구를 얻을 수 없다. 참된 친구를 갖고 싶은 사람은 모든 이해관계를 떠나서 순수하고 진실한 마음으로 친구를 사귀고 사랑해야 한다.

그리고 제 스스로 참된 친구가 되어 주는 노력이 있어야 한다. 이것이 친구와 더불어 모든 고독과 시련을 함께 극복해 나아갈 수 있는 참된 친구를 얻는 길이 되는 것이다.

　서로 흉금을 터놓고 대화를 나눌 수 있는 친구, 나의 이야기와 하소연을 조용히 경청해주는 친구, 그리고 어려울 때 서로 힘이 되어 주는 친구, 이런 친구가 나에게 몇 명이나 있는가 자문해 보자. 그리고 스스로 남의 참된 친구가 되어 주기 위해 노력하자. 그러려면 좋은 친구를 귀하게 여기는 습관부터 길러야 한다. 그 습관이 참된 친구를 얻는 길이 될 것이다.

첫인상을
좋게 하는 습관

첫인상의 중요성

사람은 첫인상이 좋으면 그 사람을 좋은 사람으로 보게 되고, 반대로 첫인상이 나쁘면 그 사람을 안 좋은 사람으로 보게 되기가 쉽다. 따라서 다른 사람의 마음을 움직이려면 우선 상대방에게 좋은 첫 인상을 갖게 하는 것이 중요하다.

첫인상은 일반적으로 외모나 말투 같은 예의범절 등이 주는 정보들에 의해 구성된다. 이 같은 첫인상은 상대방에 대한 인상을 형성하는 데 결정적인 역할을 하게 된다.

먼저 제시된 정보가 나중에 들어온 정보보다 전반적인 인상 형성에 강력한 영향을 미치는 것을 심리학에서는 '초두효과'라고 말하는데, 그래서 더욱 좋은 첫인상을 남겨야 한다.

더욱이 처음에 한번 구겨진 인상은 좀처럼 지우기가 어렵기 때문에 첫 대면에서 인상을 좋게 보이도록 힘써야 한다. 그래서 면접이나 교섭에 나설 때는 이 점에 유의해 상대방에게 좋은 첫인상이 되도록 각별히 유의하는 것이다.

첫인상이 효과를 발휘할 수 있는 이유

애쉬라는 심리학자는 사람에 대한 초기 정보가 나중에 제공되는 후기정보보다 더 강력한 이유가 어디에 있는지를 알아보기 위해 다음과 같은 실험을 했다.

그는 A · B 두 집단의 사람들에게 어떤 인물을 소개하면서 여섯 가지의 성격의 특성을 나열하며 설명해 주었다. 여섯 가지의 성격적 특성을 제시하는 순서가 다르다는 것을 제외하고는 두 집단에 설명한 내용은 같은 것이었다.

A집단 : 똑똑하다 → 근면하다 → 즉흥적이다 → 비판적이다 → 고집이 세다 → 시기심이 많다

B집단 : 시기심이 많다 → 고집이 세다 → 비판적이다 → 즉흥적이다 → 근면하다 → 똑똑하다

그 어떤 가상 인물에 대한 소개를 끝내고 사람들에게 조금

전에 소개했던 사람에 대한 인상을 말하도록 했다. 그랬더니 동일한 내용임에도 처음에 제시한 정보가 무엇이었느냐에 따라 상반된 인상을 형성하고 있었다.

A집단의 사람들은 B집단의 사람들보다 소개 받은 인물을 더 성공적이고 사회적으로 원만한 사람으로 평가했다. 이것은 처음에 접한 인상이 그 사람의 전체적인 인상을 좌우한다는 것을 확인해 주는 것이다.

그럼 첫인상이 이렇게 강력한 효과를 발휘할 수 있었던 이유는 무엇인가? 그것은 처음에 들어온 정보가 나중에 들어오는 정보를 해석하는 지침을 만들어 주기 때문이다.

앞의 A집단에서는 첫머리에 긍정적인 내용을 먼저 말했으나, B집단에서는 첫머리에 부정적인 내용을 먼저 말함으로써 초두효과를 가져다 준 것이다.

좋은 첫인상을 주는 방법

사람은 첫 대면에서 상대의 심리나 인격의 밑바닥까지 꿰뚫어 볼 수 있으므로, 첫인상은 일반적으로 외모와 그 사람이 풍기는 분위기에 의해 구성된다.

이 외모와 분위기에서 받는 첫인상의 좋고 나쁨이 면접시

험이나 교섭의 성패에 커다란 영향을 미치므로, 첫 대면 때는 항상 복장을 단정히 하고 예의 바른 태도와 밝은 표정으로 대함으로써 상대방에게 좋은 첫인상이 되도록 유의해야 한다.

제조회사가 제품의 겉모양에 신경을 쓰고, 상인이 상품의 포장에 신경을 쓰는 것도 첫인상을 좋게 하려는 것임을 말할 것도 없다.

마찬가지로 사람도 그 외모에 신경을 써야 한다. 수염도 깎지 않고 덥수룩한 머리에 꾀죄죄한 복장을 한 사람이, 면접에 나왔거나 세일즈에 나섰다면 아무리 재치 있는 말을 하고 열변을 토하더라도 그 사람을 좋게 봐 주거나 물건을 사 줄 사람은 없을 것이다. 상대방은 이미 외모를 보고 그 사람을 평가하고 있기 때문에 더 이상 물어 볼 것도 사 줄 물건도 거들떠 보지 않을지도 모른다. 또 복장 못지않게 중요한 것은 쾌활하고 명랑한 태도이다. 무릇 밝고 명랑한 것을 좋아하는 것은 인간의 본성이고 생리이다. 아무리 복장이 단정하고 말끔하게 보여도 어둡고 음울하게 보이면 첫 대면의 경우에는 큰 손해를 본다. 특히 쾌활하고 웃는 얼굴은 면접이나 교섭을 성공으로 이끄는 최대의 무기로서, 이것보다 더 좋은 첫인상은 없다. 그러므로 면접이나 교섭에 나서는 사람은 항상 어떻게 하면 상대방에게 좋은 첫인상을 주고 분위기를 긍정적이고 명랑한 분위기를 만들어 갈 것인가를 염두에 두고 있어야 한다.

사회생활에서 가장 중요한 것은 대인관계이다. 이 대인관계에서 호감을 사려면 상대방에게 좋은 인상을 주도록 노력해야 한다. 그러기 위해서는 무엇보다도 항상 외모를 단정하게 하고 웃는 얼굴과 밝은 표정으로 예의 바르게 대하는 습관을 길러야 한다.

5

꿈을 이루기 위한
좋은 습관

꿈을 실현하려고 애쓰는 습관 / 미래의 자화상을 시각화하는 습관
목표를 세우고 일하는 습관 / 자기계발에 노력하는 습관
긍정적으로 사고하는 습관 / 깊이 생각하는 습관
한 가지로 승부하는 습관 / 적성에 맞는 일에 몰입하는 습관
잠재의식의 힘을 활용하는 습관 / 닮고 싶은 성공모델을 벤치마킹하는 습관
창의성을 살리는 습관 / 떠오르는 아이디어를 메모하는 습관

꿈을 실현하려고
애쓰는 습관

비전은 인생의 길잡이

청소년은 모름지기 비전(Vision)을 가져야 한다. 비전은 곧 우리 인생길에 길잡이가 되기 때문이다. 어두운 밤바다를 항해할 때, 북극성이 방향을 가리키는 뚜렷한 길잡이가 되듯이 비전은 우리의 인생길에 분명한 길잡이가 되는 것이다. 비전은 꿈이자, 이상이며, 포부요, 성취욕구이다. 목표에 도전하게 되고, 자기 향상을 위해 노력하게 되고, 승리를 향해 전진하게 되는 것이다.

비전은 인간의 위대한 힘의 원천이다. 비전을 마음속에 품고 있을 때, 우리는 비범해지고 용감해지고 진지해진다.

청소년들에게 말하고 싶다. 승리하는 인생을 원한다면 가

습 깊이 비전을 품고 용감하게 도전해라. 비전을 갖는 것이야
말로 여러분의 인생의 대업을 성취하게 할 수 있는 유일한 길
일 것이다.

야망을 품어라

Boys be ambitious!
(소년들이여, 야망을 품어라)

이 얼마나 멋진 명언인가! 이 말은 일본의 개화기에 미국인
콜린 클라크 박사가 일본 정부의 초청을 받아 북해도 농업학
교에서 일본 학생들을 가르치고, 본국으로 돌아갈 때 고별인사
로 남긴 유명한 교훈의 말이다.

그는 저명한 교육학자로 일본 학생들에게 많은 감화와 영
향을 끼쳤다. 이 짧막한 한마디는 그 당시의 일본 학생들에게
엄청난 반향을 불러일으켰다. 이 학교에서 훌륭한 인재들이 많
이 배출되었는데, 그 사람들은 모두 이 말에 크게 영향을 받았
다고 한다.

이 말은 매우 간결하지만, 많은 함축된 의미를 지니고 있
다. 삶에 희망을 주고 의욕을 일으키고 용기와 보람을 준 이 한

마디 말은 젊은 세대에게 꿈을 안겨주는 명언으로 길이 남아 있다. 소년시절 이 말을 좌우명으로 삼아 책상머리에 붙여놓고 늘 마음을 새롭게 다짐했던 경험이 있는 사람이 많을 것이다. 그 만큼 이 말은 젊은이들에게 꿈을 심어주는 데 결정적 동기를 제공한 명언이다.

꿈은 크게 뜻은 높게

인생에서 가장 중요한 것은 먼저 꿈을 가지는 것이고, 뜻을 세우는 것이다. 나는 장차 무엇을 하겠다거나, 어떠한 사람이 되어야 하겠다는 분명한 목표의식을 가지고 살아가야 한다. 우리는 뜻을 세우되 큰 뜻을 세우고 또 옳은 뜻을 세워야 한다.

위대한 인물일수록 큰 뜻을 품고 높은 목표를 세운다. 그 뜻과 목표가 얼마나 크고 높으냐에 따라서 그 인간의 그릇의 크기가 결정된다. 다 같은 사람으로 태어났지만 어떤 사람은 큰 인물이 되고 어떤 사람은 평범한 인물이 되는 것은 전적으로 여기에 달린 것이다. 큰 뜻을 품고 목표를 높게 세운다는 것은 그 만큼 노력의 질과 양이 크고 높다는 것을 의미한다. 백두산에 오를 것을 목표로 하는 사람은 백두산 정상에 오를 만큼 준비하고 노력하는 데 그치게 되고, 에베레스트에 오르는 것을 목표로 하는 사람은 에베레스트에 오를 만큼 준비하고 노력하기 마련이다. 꿈이 크면 클수록 성취에 필요한 열정을 더 크게 불러일으키기 때문이다.

꿈이 있는 사람과 없는 사람과의 차이

꿈이란 일생을 통해 간절히 바라며 성취하고 싶은 욕망이다. 꿈을 갖는다는 것은 그것을 실현하기 위해 마음으로 다짐하고 노력하는 과정이라고 할 수 있다.

더욱이 어릴 때 강렬하게 마음에 새겨진 꿈은 자석과도 같아서 모든 생각과 행동을 그 뜻을 이루는 방향으로 이끌어준다. 또 꿈을 실현하겠다는 강렬한 욕망은, 꿈을 가진 자를 끊임없이 자극해 하고자 하는 일에 열중하게 만들고, 계획을 세우게 하며, 그 일에 정성을 다해 전력투구하게 해서, 마침내 이루게 만드는 것이다. 꿈이 필요한 이유가 바로 여기에 있다.

꿈을 가지고 있는 사람은 자기가 이루고자 하는 장래의 목표가 확실히 서 있기 때문에, 그 목표 실현을 향해 끊임없이 배우고 노력하며 꾸준히 앞으로 나아가려고 한다. 또 필요성을 느껴서 하는 일이기 때문에 어떠한 어려움을 겪더라도 꿈을 실현하려는 강력한 욕망으로 이를 이겨내고 앞으로 전진한다.

그러나 꿈이 없는 사람은 나아가야 할 목표가 없기 때문에 할 일 없이 한가롭게 아까운 시간만 헛되이 흘려보내게 된다. 무엇인가 해 보고 싶거나 되고 싶은 것이 없으니 해보고자 하는 의욕도 생길 리 없고 그래서 무기력한 시간을 보낼 수밖에 없게 된다. 시간이 갈수록 나태해져서 삶의 의욕을 잃은 채 마침내 인생의 낙오자가 된다.

이렇듯 꿈이 없고 목표가 없이 살아가는 사람은 마치 자기가 어디로 가는지도 모르면서 무작정 걷기만 하는 사람과 같고, 또 나침반 없이 바다를 항해하는 배와 같은 것이다.

입지의 효과

꿈은 곧 청소년들을 성장시키는 힘이 되고, 뜻을 이루게 하는 촉진제이다. 때문에 꿈을 확실하게 심어 놓으면, 그 꿈과 야망이 그들에게 스스로 일어서게 만들고 또 기어코 이루게 하는 것이다.

청소년들이 꿈을 품게 되면 장차 자신이 어떤 일을 해야 하고 또 어떤 사람이 되어야 한다는 분명한 목표의식과 굳은 의지를 가지고 살아가기 때문에 한눈팔지 않고 앞으로 전진하게 된다. 또 누가 일일이 간섭하지 않아도 스스로가 자신이 해야 할 일을 찾아 열심히 노력하게 된다. 그러므로 성공하고 싶다면 무엇보다도 먼저 어릴 때부터 꿈을 품는 것이 중요하다.

꿈은 크게, 뜻은 높게 세워라. 그리고 그 꿈을 실현하려고 끊임없이 애쓰는 습관을 길러라. 그 꿈이 영화감독이면 영화에 관련된 모든 자료와 정보를 수집하는 습관, 요리사가 꿈이라면 요리를 직접 해보며, 요리에 관련된 정보를 끊임없이 수집하는 습관이 필요할 것이며, 경영자가 되는 것이 꿈이라면 경영자가 되기 위해 필요한 것들이 무엇이 있는지 찾아보고, 유명한 경영자들의 살아온 삶을 살피는 습관이 필요할 것이다. 또한 정치인이 되는 것이 꿈이라면 무엇을 어떻게 해야 하는지를 찾아보고 여러 나라의 정치와 역사를 공부하는 습관이 필요할 것이다. 이런 습관이 정착될 때 여러분은 그 꿈을 반드시 성취하게 될 것이다.

미래의 자화상을
시각화하는 습관

시각화가 필요한 이유

꿈을 현실화하는 데 가장 효과적인 방법은 미래의 성공한 자화상을 시각화(視覺化)하는 것이다. 자기가 장차 되고 싶은 미래의 모습을 사진이나 그림 또는 글귀로 만들어 책상 앞에 걸어 놓고 매일 바라보며 다짐하면, 성취동기를 계속 유발시키는 효력이 있어 꿈을 키워주는 데 유용한 방법이 될 수 있다. 이 시각화의 방법은 자신이 꿈꾸어 온 미래의 성공한 자기의 모습을 마음속에서만 그리는 게 아니라, 실제로 이루어진 것으로 상상하고 그 자화상을 시각화함으로써, 실제로 이루어진 것처럼 생각하게 만드는 것이다. 시각화하면 잠재의식에 뿌리 깊이 심어지고, 잠재의식은 이를 이루기 위해 놀라운 힘을 발휘

한다. 또 목표를 늘 보며 마음을 다질 뿐만 아니라, 입으로 주문을 외듯이 하루에도 몇 번씩 '나는 해낼 수 있다'고 계속해서 되풀이하면, 부지불식간에 놀라운 암시 작용에 의해 생각과 행동에 커다란 변화를 일으키게 되고, 마침내 목표를 달성하는 데 필요한 자신감과 신념을 갖게 되는 것이다.

그래서 많은 성공한 사람들이 그런 시각화를 통해서 미래의 꿈을 성취한 자기의 모습을 상상함으로써 그렇게 되고 싶다는 강한 의지를 불태우며 꿈을 키워왔던 것이다.

시각화의 효과를 입증한 연구결과

미국의 하버드 대학 심리학 연구소에서 65세 정년 퇴직자들을 대상으로 설문조사를 했는데, 그들은 다음과 같은 네 가지 유형의 삶을 영위하고 있는 것으로 나타났다.

첫 번째 유형은 '홀로서기 노인층'으로, 이들은 이 설문조사의 응답자 중 3%로, 퇴직 후에도 남에게 의지하거나 얽매이지 않고 최고의 부와 명예를 누리며, 떳떳하게 살아가는 노인들이었다.

두 번째 유형은 '불편 없는 노인층'으로, 이들은 응답자 중 10%로, 별 불평 없이 퇴직 전과 다름없이, 여생을 살아가는 노인들이었다.

세 번째 유형은 '겨우겨우 노인층'으로, 이들은 응답자 중 절반이 넘는 60%로, 하루하루를 겨우 살아가는 노인들이었다.

네 번째 유형은 '무기력 노인층'으로, 이들은 혼자서는 도저히 살 수 없는 무능력한 노인들로 응답자의 27%에 해당하는데, 자선단체나 구호기관 등의 도움 없이는 살아갈 수 없는 노인들이었다.

이 연구소는 '왜 이런 결과가 나왔는가에 대해 알아보기 위해 역으로 이들을 만나 다시 설문조사를 해 보았다. 그런데 재미있는 사실은 이 네 가지 유형의 노인층은 젊었을 때 각기 다른 인생관을 갖고 있었다.

첫 번째 유형인 '홀로서기 노인층'은 젊어서부터 목표를 구체적으로 세워 이를 글로 적어 놓고 시각화함으로써, 적극적으로 실천해 행동으로 옮겼다고 답했다.

두 번째 유형인 '불편 없는 노인층'은, 나름대로 인생의 목표는 있었지만, 그것을 글로 써 놓지 않아 이를 제대로 실천하지 못했다고 말했다.

세 번째 유형인 '겨우겨우 노인층'은, 성공해야겠다는 목표는 있었지만, 막연히 생각만 했지 실천을 하지 못해 그 꿈은 단지 백일몽에 지나지 않았다고 아쉬워했다.

네 번째 유형인 '무기력 노인층'은 인생에 있어서 목표는 고사하고 아예 꿈조차 없이 살아왔다고 대답했다.

이 연구 결과는 인생에 있어 미래의 자화상을 분명하게 그리고 있느냐 없느냐 하는 차이가 결국에는 삶의 질에 큰 차이를 만든다는 점을 실제로 보여주고 있다. 다시 말해 인생에서 자기가 이루고 싶은 목표를 글로 써서 자기 앞날의 모습을 확신케 하는 사소한 습관이 인생의 성공 여부를 결정짓는 중요한 계기가 된다는 것이다.

시각화의 효과

첫째, 꿈을 성취하려는 집념을 강화시켜 준다.

자기가 이루고자 하는 꿈을 달성했을 때의 자신의 모습을 사진이나, 그림 또는 글귀를 통해, 상상하고 그렇게 되기를 거듭 다짐하면, 자신의 꿈을 향한 현재의 노력을 배가할 수 있게 할 뿐만 아니라, 기필코 성취하겠다는 의지와 집념을 강화시켜 준다.

둘째, 꿈을 향한 강력한 욕구를 분출시킨다.

시각화를 통해 자신의 꿈이 달성되었을 때의 모습을 느끼게 되면, 어떠한 어려움이 있어도 반드시 성취하겠다는 꿈을 향한 강력한 욕구가 분출된다. 무릇 모든 행동은 욕망을 향해 일어나게 되어 있는 것이므로, 그 분출된 욕망이 할 일을 찾게 되고 그 일에 도전하게 하며, 그 성취를 위해 정성을 기울이게 하는 것이다.

셋째, 성취동기를 계속 유발한다.

미래의 성공한 자신의 모습을 시각적인 영상으로 만들어 벽에 걸어 놓고 매일 바라보면, 의식 무의식간에 계속해서 성취동기를 유발하게 해, 어떠한 악조건이나 난관이 생겨도 끊임없는 노력과 열정으로 이를 극복하고, 그 실현을 위해 계속 전진하게 만들어 준다.

이렇듯 미래의 자화상을 시각화하면 잠재의식 속에서 그렇게 되고 싶다는 욕망을 불태우며 꿈을 키워 나갈 것이다. 이제 우리도 미래의 자화상을 시각화하는 습관을 기르자. 그 습관이 정착되면 어느새 여러분은 성공의 길을 가고 있음을 발견하게 될 것이다.

목표를 세우고
일하는 습관

목표설정이 필요한 이유

머리는 좋은데 성적이 오르지 않아 걱정하는 학생들이 적지 않다. 성적이 오르지 않는 원인에는 여러 가지가 있겠으나, 그중 중요한 이유 가운데 하나는 '집중력이 없다'는 것이다. 즉 마음이 흩어져 있어 공부하는 데 정신을 집중하지 못하고 있다는 뜻이다.

그럼 어떻게 해야 공부하는 데 집중할 수 있게 만들 수 있을까? 그것은 목표를 세워서 차근차근 공부하는 것이다. 이것은 비단 공부에만 해당하는 것이 아니라, 세상의 모든 일에 적용되는 것이다.

사람은 해야 할 과제가 뚜렷할 때 집중적으로 일할 수 있다. 목표가 없거나 막연하면 어디에 자기의 정신과 정열을 쏟아야 할지 혼란을 일으키게 되고 하는 일의 성과를 기대하기 어렵다.

지금 여러분에게 목표가 있고 해야 할 과제가 주어진다면, 그때부터 그것을 향해 끌려가듯이 목표를 향해 열심히 일하게 될 것이다. 왜냐하면 목표는 자석과도 같아서 모든 정열과 노력을, 한 푯대를 향해서 집중하도록 이끌어 주기 때문이다. 꿈을 품고 목표를 설정하면 그것이 현실로 실현되는 이유가 바로 여기에 있다.

목표설정의 효과를 실증한 조사연구

미국 하버드대학에서는 자라온 환경과 IQ, 학력 등이 서로 비슷한 사람들을 대상으로 '꿈, 즉 목표가 인생에 끼치는 영향'에 대해서 조사연구를 했는데, 참으로 놀라운 사실이 발견되었다. 이 조사에 의하면 27%는 아예 목표가 없었고, 60%는 희미하지만 목표가 있었으며, 10%는 목표가 있었지만 단기적이었다. 단지 3%의 사람들만이 명확하게 장기적인 목표를 갖고 있었다.

그 후 이들의 25년간의 삶을 조사한 연구 결과에 의하면,

명확하고 장기적인 목표가 있었던 3%의 사람들은 25년 후에 사회 각계의 최고인사가 되어 있었고, 대부분 사회의 주도적인 위치에서 영향력을 행사하고 있었다. 10%의 단기적인 목표를 지녔던 사람들은, 대부분 사회의 중상위층에 머물러 있었으며 사회 전반에 없어서는 안 될 전문가로 활동하고 있었다. 목표가 희미했던 60%의 사람들은 대부분 사회의 중하위층에 머물러 있었으며, 모두 안정된 생활환경에서 일하고 있었다. 그런데 27%의 목표가 없이 살아온 사람들은 어떻게 되었을까?

그들을 주목할 필요가 있다. 그들은 모두 취업과 실직을 반복하며 사회가 나서서 구제를 해주어야만 하는 최하위 수준의 생활을 하고 있었다. 이렇듯 목표가 있는 사람과 없는 사람은 하늘과 땅 만큼이나 큰 차이가 있는 것이다.

이 조사연구는 왜 목표를 세워 살아야 하는지를 분명하게 설명해 주고 있다. 그래서 꼭 목표를 설정하고 일하는 습관을 가져야 한다는 것이다.

목표 설정의 효과

그럼 목표를 명확히 세우면 어떤 효과가 있는지 좀 더 구체적으로 살펴보기로 하자.

첫째, 목표를 세우면 자기가 하는 일이 분명해지고, 그 목표를 달성하기 위해 모든 정열과 노력을 그 목표의 실현에 집중하게 된다.

둘째, 목표를 세우면 사람의 마음은 무의식적이라 할지라도 목표가 있는 방향으로 이끌려가게 된다. 특히 명확한 목표를 가지고 있으면, 마음은 언제나 그 목표에 집중되고 그 실현을 위해 전진하게 된다.

셋째, 목표를 세우면 가는 방향이 분명해지므로 그 길에서 벗어나지 않으며, 외부의 방해나 혼란으로부터 벗어날 수 있다. 쓸 데 없는 일에 시간과 정열을 낭비하지 않으며, 한눈팔지 않고 자기 일에 집중할 수 있다.

넷째, 목표를 세우면 시간을 아껴 쓰고, 계획적인 생활을 하고, 또 자기가 한 말에 대해서 책임을 져야 하므로 태도에도 신중을 기하게 된다.

다섯째, 목표를 세우면 늘 그것만을 생각하게 되므로, 잠재능력이 발휘되어 아이디어와 창의력이 생기게 된다.

여섯째, 목표를 세우면 그 목표를 달성할 수 있는 구체적인 실천 계획을 끌어낼 수 있다.

목표를 세워 일하는 습관을 키우자

꿈이 있고 목표가 있어야 발전하고 성취할 수 있다. 명확한 목표의식을 가지고 최선을 다하는 사람만이 크게 성공할 수 있다는 것이 이 사회의 냉엄한 법칙이다.

이제 나는 어떤 부류에 속하는 사람이 되어야 할까? 각자의 깊은 각성과 결단이 있어야 한다. 여기에 바로 여러분이 꿈꾸는 미래가 달려 있기 때문이다. 최상의 성취를 추구하는 사람은 결코 목표 없는 인생을 살지 않는다. 그들의 뚜렷한 특징은 목표지향적인 삶을 살고 있다는 것이다.

그러므로 공부를 할 때나 일을 계획할 때는 꼭 목표설정을 해야 한다. 명확한 목표를 가지고 있으면, 마음은 언제나 그 목표에 집중하고 그 실현을 위해 전진해 나가게 함으로써 꿈을 이루는 데 도움이 된다.

자기계발에
노력하는 습관

자기계발이 필요한 이유

'학교의 우등생, 사회의 열등생'이라는 말이 있다. 학교시절의 우등생이면 사회에 나와서도 우등생이 되어야 하는데, 그와는 반대로 열등생이 되는 이유는 무엇일까? 그것은 자기의 머리만 믿고 사회에 적응하려는 노력을 소홀히 했기 때문이다. 더구나 학교에서는 원리원칙적인 것을 가르치기 때문에, 실생활과는 거리가 먼 데다가 사회의 변화에 따라, 실제 생활에 적용되기 어려운 면도 없지 않다.

학교에서 배운 지식만 믿고 새로운 지식과 정보를 받아들이는 자기계발에 소홀했으니, 시대에 뒤떨어지고 생존 경쟁에서 낙오될 수밖에 없게 되는 것이다. 그런 데다가 사회에 나온

뒤에는 더 이상 가르쳐 주는 사람도 없고 또 가르쳐 줄 수 있는 성질의 것도 아닌 것이 대부분이기 때문에, 변화하는 사회 환경에 효과적으로 적응하기 위해서는 자기계발에 의존할 수밖에 없다. 여기에 자기계발이 필요한 이유가 있는 것이다.

더욱이 자기계발은 외부로부터 수동적으로 교육과 훈련을 받는 것보다는 자기의 필요에 의해 자기가 주체가 되어 능동적으로 자기의 능력을 계발하는 것이기 때문에, 그 성과는 비교할 수 없을 만큼 월등하다는 것이 입증되고 있어, 자기계발의 필요성이 더욱 요구되고 있는 것이다.

이제 자기계발은 사회생활에 있어 성패를 가늠하는 수단이 되고 있다. 어려서는 몰라도 자기 일을 자기가 알아서 할 수 있는 나이가 된 뒤에는, 자기가 잘 되고 못 되는 것, 자기가 성공하고 실패하는 것은 오로지 본인의 자기계발 여부에 달려 있다고 할 것이다.

자기계발의 의미와 특징

자기계발이란 자기의 능력 또는 가능성을 스스로 계발하는 것이다. 다시 말하면 자기가 주체가 되어 자기의 능력을 계발하는 것이다. 구체적으로 무엇을 계발하느냐 고민을 하고 자기

속에 숨겨져 있는 잠재능력 또는 가능성을 계발하는 것이다.

따라서 자기계발은 자기의 잠재능력을 찾아내 그것을 계발함으로써, 보람 있는 삶을 창조하는 것이다. 이 같은 자기계발은 곧 성공에 이르는 지름길이 되어 주기도 한다.

자기계발의 특징은 계발의 주체가 타인이 아니라 자기 자신이라는 것이며 따라서 자기를 계발한다는 것은 ① 스스로 계발의 목표를 설정하고, ② 스스로 계발의 방법을 계획하며, ③ 스스로 계발을 하고, ④ 스스로 계발의 성과를 검토한다는 것을 의미한다.

이런 의미에서 볼 때 자기계발을 '자력계발', '자발적 계발'이라고 고쳐 쓰면 그 의미가 한결 분명해진다.

미래에 대처하는 준비를 해야

어떻게 하면 나의 꿈을 이룰 수 있을까? 성숙한 10대라면 누구나 몇 번이고 생각해 보지 않은 사람이 없을 것이다. 그러나 많은 10대들이 마음으로는 꿈을 이루고자 하는 소망이 있으면서도, 정작 그 꿈을 위한 준비는 전혀 하지 못하고 있는 것이 현실이다.

거기에다 아쉽게도 학교에서는 사회에 효과적으로 적응해

서, 성공에 이르게 하는 방법에 대해서는 가르쳐 주지 못한다. 더욱이 입시나 취업에 매달리다 보니 자기계발에 눈 돌릴 시간을 가질 수 없는 것이 현실이다.

그러는 동안에 시간은 흘러 사회에 진출하게 되었을 때, 그들은 나름대로 무엇인가를 성취하려고 노력하지만, 그들이 원하는 성취와는 거리가 먼 곳에서, 스스로가 만든 벽에 부딪혀 앞으로 나아가지 못하고 허덕이게 되는 것이다. 그것은 다른 것이 아니라 사회 환경에 대처해 나갈 준비가 전혀 되어 있지 않기 때문이다. 이제부터라도 스스로 꿈을 이루기 위한 자기계발에 힘쓰며, 사회에 나갔을 때, 두려움 없이 자신의 모든 능력을 발휘할 수 있도록 노력해야 한다.

자기계발의 기본 방향

첫째, 정신 강화를 위한 자기계발에 힘써야 한다.

사람의 모든 생각과 행동을 좌우하는 것은 정신력이다. 굳건한 정신력이 없이는 아무것도 이루어 낼 수가 없다. 정신력은 여러분에게 용기와 희망과 자신감을 갖게 할 것이며, 여러분의 앞길에 일어날지도 모를 어떠한 어려움도 극복할 수 있는 힘을 만들어 줄 것이다. 정신력을 키우기 위해서는 먼저 확고한 비전을 가져야 하고, 매사를 긍정적으로 받아들이는 사고 방식과 자신감을 키워야 한다.

둘째, 자기관리를 위한 자기계발에 힘써야 한다.

시회진출에 성공하려면 재능 못지않게 철저한 자기관리가 필요하다. 자기관리가 철저해야 사회 환경에 효과적으로 적응할 수 있고 성공할 수 있다. 특히 감수성과 학습력이 왕성한 10대에 좋은 습관과 인격을 길러두면, 그것으로 인해 자기의 능력을 향상시키고 성공적인 삶을 살게 할 것이다. 자기관리를 철저히 하려면 먼저 좋은 습관을 길들여야 하고, 특히 원만한 인간관계를 배워 사회 활동영역을 넓혀야 한다. 그리고 독서를 생활화해서 교양과 인격을 높이고 필요한 정보를 습득해서 사회에 효과적으로 적응할 능력을 키워야 한다.

셋째, 재능신장을 위한 자기계발에 힘써야 한다.

인간은 자기 속에 숨겨져 있는 재능 즉 잠재능력을 계발함으로써 삶의 보람과 질을 높일 수 있다. 그러나 많은 사람들이 자기의 잠재능력 내지는 가능성을 계발하기는커녕, 발견하지도 못한 채 살아가고 있다. 그러므로 재능을 발견하고 그것을 계발함으로써, 삶의 보람을 창조해야 한다. 재능을 계발하기 위해서는 무엇보다도 먼저 자기가 하고 싶고 또 잘할 수 있는 것이 무엇인가를 찾아내고 그 적성 내지는 재능을 계발하도록 노력해야 한다.

　이 같은 일련의 자기계발을 꾸준히 실천해 나간다면 모든 일에 자신감이 생겨 무엇을 원하든 그것을 성취하는 데 크게 도움이 될 것이며, 사회에 진출했을 때 두려움 없이 효과적으로 적응해 나갈 수 있을 것이다. 이제부터라도 자기계발에 관심을 갖고 스스로를 계발해 나가는 습관을 길러야 할 것이다.

긍정적으로
사고하는 습관

긍정적 사고와 부정적 사고

흔히 예를 드는 이야기지만 여기 마시다 남은 포도주가 있다고 하자. 이것을 가지고 어떤 사람은 '겨우 반 병밖에 안 남았어!' 하고 투정을 부리는 사람이 있는가 하면, 또 어떤 사람은 '아직 반 병이나 남았구나!' 하고 대견해 하는 사람도 있다. 이처럼 똑같은 상황을 놓고도 부정적인 사고를 가진 사람과 긍정적인 사고를 가진 사람으로 나뉜다.

이렇듯 두 사람의 사고방식은 하늘과 땅 차이만큼이나 크고 다르다. 따라서 부정적인 사고를 가진 사람은 자기 자신을 과소평가하고 할 수 있는 일도 할 수 없다고 생각하며, 자기는 무슨 일을 해도 성공할 수 없다고 믿는다. 또 일을 하기 전에 불가능하다고 단정해 버리고 소극적이고 피동적으로 행동한다. 그리고 사사건건 불평만 토로하고 잘못된 것은 모두 남의 탓으로 돌린다. 그래서 생의 의욕을 잃고 자기의 미래에 대해서 비관하며 자포자기의 심정으로 살아간다.

이와는 반대로 긍정적인 사고를 가진 사람은 자기 자신을 긍정적으로 평가하고 무슨 일이든 '나는 할 수 있다'고 생각하고 '하면 된다'고 믿는다. 따라서 자기가 하는 일에 긍지를 가지고 능동적으로 활동한다. 또 하는 일에 흥미와 열정을 가지게 되어 능률이 오르고 가능성을 믿으니 목표를 향해 전력투구하게 된다. 그래서 생의 의욕이 솟구치고 자기의 미래에 대해 낙관하고, 희망과 용기와 자신감을 가지고 일에 도전한다.

이렇게 볼 때 어떤 사람이 인생을 보람 있고 풍요롭게 살게 되겠는가는 분명해진다. 또 우리가 어떤 사고방식을 가지고 살아야 할 것인가는 자명해진다.

긍정적 사고는 불가능을 가능으로 바꿔준다

아프리카 개척을 시작할 무렵에 신발을 만드는 회사에서 두 직원을 아프리카로 파견했다. 새로운 시장을 개척하기 위해 그 가능성을 살펴보기 위함이었다. 그런데 정작 아프리카에 도착했을 때, 그들은 원주민들이 모두 맨 발로 다니는 모습을 매우 충격적으로 받아들일 수밖에 없었다. 두 사람은 한동안 여러 곳을 답사한 후, 나름대로 시장 개척 여부를 판단해서 본사에 보고했다.

한 사람의 전보는 이러했다.

'이곳에서는 신발을 신은 사람을 전혀 볼 수 없음, 그들은 신발이 무엇인지조차 모름. 따라서 시장 개척의 여지가 전혀 없음.'

그러나 또 한 사람의 보고 내용은 전혀 달랐다.

'아프리카에는 신발을 신은 사람이 아직 한 사람도 없음. 그러므로 신발을 팔 수 있는 가능성이 무궁무진함.'

보는 시각에 따라, 부정적인 사고를 가진 사람은 개척할 가능성이 전혀 없다고 보았을 것이고, 긍정적인 사고를 가진 사람은 개척할 가능성이 충분하다고 보았을 것이다.

이런 보고를 회사에서는 어떻게 받아들였을까? 아프리카 개척의 초기 상황에서 보면 가망이 없다고 판단한 직원의 보고가 진실일 수도 있다.

그러나 개척을 해야 할 당위성을 놓고 미래를 내다 본다면 회사는 마땅히 긍정적인 사고를 가진 사람의 손을 들어주어야 한다. 왜냐하면 새로운 분야를 개척해 나가는 데는 도전하는 용기가 있어야 하기 때문이다.

처음부터 무리라고 생각하고 할 수 없는 이유만 생각한다면 아무것도 될 일이 없다. 항상 할 수 있다는 신념을 가지고 할 수 있는 이유를 찾아내려고 생각한다면 안 될 일이 없는 것이다. 사실 마음만 있다면 불가능은 없다. 할 수 없는 이유를 먼저 생각하기 때문에 할 수 없는 것이다. 그래서 긍정적인 사고를 가진 사람만이 일을 성취할 수 있는 것이다.

긍정적 사고 습관을 길러야 하는 이유

『크게 생각하는 사람이 크게 성공한다』는 책의 저자인 성공학자 슈바르츠는 '당신 자신이 성공할 수 있다고 믿으면 반드시 성공할 수 있다'고 말하고 있다. 그것이 가능하다는 신념은 그것을 해내는 데에 필요한 힘, 기술, 에너지를 낳게 하는 작용을 하기 때문이다. 그것이 가능하다고 믿으면, 그것을 해결하는 방법은 스스로 열리기 마련이다. 왜냐하면 안 된다고 생각하는 사람은 안 되는 이유만 계속 생각하게 되고, 된다고 생각하는 사람은 되게 하는 방법만 생각하기 때문이다.

'나는 할 수 있다'는 긍정적이고 적극적인 사고를 가지면 이루어질 것이고, '나는 할 수 없다'는 부정적이고 소극적인 사고를 가지면 이룰 수 없다.

긍정적 사고는 불가능을 가능으로 바꿔주고 결단력을 키워 준 것이다. 우리가 성공이라고 말하는 모든 영광은, 바로 불가능에 도전해 쟁취한 것임을 알아야 한다. 모든 일은 가능하다고 생각하는 사람만이 해낼 수 있다. 어떤 일을 가능하다고 믿는 것은 창조적 해결의 길을 열어 주는 첫걸음이기 때문이다.

만약 우리가 무엇을 가능하다고 믿는다면, 그때부터 우리의 마음은 그것의 실현 방법을 찾아 도움을 줄 것이다. 그러나 불가능하다고 믿는다면, 우리의 마음은 우리를 위해서 그것이 불가능한 이유를 증명하기 위해 작용할 것이다.

긍정적 사고는 창조력을 해방시켜 해결의 길을 열어주지만, 부정적 사고는 모든 생각에 제동을 거는 것이다. 우리가 긍정적인 생각으로 살아야 할 이유가 바로 여기에 있는 것이다.

생각은 현실을 만들어 낸다. 그래서 생각과 관련된 습관은 무엇보다 중요하다. 스스로를 제약하는 부정적인 사고 습관은 다른 무엇보다도 우리에게 가장 큰 해를 입힌다. 그러므로 우리는 어떠한 처지에서도 긍정적으로 사고하는 습관을 길들이도록 노력해야 한다.

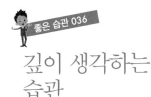

깊이 생각하는
습관

●
●
●

깊은 생각하는 일은 재미있고 보람 있는 일

궁리(窮理)라는 말이 있다. 궁리한다는 것은 사물의 이치를 깊이 연구한다거나, 좋은 도리를 발견하려고 곰곰이 생각하는 것을 말한다. 깊은 뜻을 알아내고 어려운 문제의 해결 방법을 찾아내는 일은 모두가 궁리 또는 깊은 사고력을 통해서 얻어지는 것이니 생각하고 판단하는 것이 재미있고 보람된 일이 아닐 수 없다.

요즘 TV에서 퀴즈풀기나 퍼즐, 도전 골든 벨, 우리말 겨루기 등의 프로에 열중하는 것은, 다음 수를 생각하고 상상하는 즐거움이 있기 때문이다. 이처럼 놀이조차 재미가 있어 즐기는데, 하물며 어려운 처지에서 그 해결 방법을 찾고자 깊이 생각해서 묘안을 찾아내는 일이 얼마나 뿌듯하고 매력 있는 일이 겠는가. 더구나 잘만 하면 그것으로 돈벌이도 되고 출세의 길도 열릴 수 있는 세상이니 사고력을 넓히는 일이야말로 일거 양득인 셈이다.

큰 손해를 면하게 한 기발한 착상

미국 뉴멕시코 주의 어느 고산지대에서 과수원을 경영하고 있는 제이미스 영은 곱게 빛깔이 든 사과들이 어젯밤에 쏟아진 우박 때문에 상처가 생겨 몹시 마음이 상했다.

'큰일 났군, 벌써 많은 주문이 와 있는데…….'

그는 해마다 이 사과를 통신판매를 통해 판매하고 있었는데, 그의 색다른 광고로 해마다 많은 주문을 받고 있었다.

'만일 보내드린 사과가 마음에 들지 않으시면, 연락해 주세요. 사과는 돌려주지 않더라도 대금은 돌려 드리겠습니다.'

이런 문구의 광고로 사람의 마음을 끌어들이곤 했다. 그러나 추운 고산지대에서 나는 사과는 매우 맛이 좋을 뿐만 아니라, 손님들도 무두 정직했기 때문에 대금을 돌려 달라는 사람은 없었다. 하지만 올해는 사정이 달랐다. 우박을 맞은 사과는 곰보처럼 흠이 생겨서 보기에도 좋아 보이지 않았으므로, 예전처럼 순조롭게 판매하기가 어려웠다. 그래서 걱정이 태산 같았다.

'에라, 손해 볼 것을 각오하고 한 번 발송이나 해 볼까? 아니야, 그렇게 하면 반송돼 올 것이 뻔한데…… 그럼 어떻게 하지?'

그는 팔짱을 끼고 생각에 잠겨 있다가 이윽고 그 흠진 사과 몇 개를 먹어 보았다. 어느 것이나 모두 달콤해서 맛도 좋고 수분도 충분했다. 그러나 아무리 보아도 겉모양이 좋지 않았다. 그는 무슨 묘안이 없을까 하고 날마다 곰곰이 생각을 거듭했다. 그러던 어느 날 밤에 마침내 묘안을 생각해냈다. 그리하여 그는 사과의 발송을 결정했다. 고객들이 배달된 그 사과 상자를 열어보자 맨 위에 편지 한 장이 놓여 있었다.

'보내드린 사과에 얼마만큼의 흠이 있는 데 주목해 주십시오. 우박을 맞은 자국입니다. 이것은 고산지대에서 생산된 증거입니다. 고산지대에서는 가끔 기온이 내려가면서 사과 속이 응집되어 굉장히 맛있는 과당이 만들어집니다. 한번 드셔 보세요.'

고객들은 약간의 기대를 가지고 사과를 먹어 보았다.

'정말 맛있군! 이것이 고산지대 특유의 과당인가?'

먹어 본 고객들이 자신도 모르게 중얼거릴 정도로 그 맛이 훌륭했다. 이리하여 흠진 사과의 수요를 늘린 결과를 가져왔던 것이다.

사고하는 습관이 문제해결의 열쇠

이 실화는 문제 해결의 비결은 깊이 생각하고 사고하는 데 있다는 것을 시사해 주고 있다. 세상을 살다 보면 어려운 문제에 부딪히게 마련이다. 이럴 때 난관을 극복하는 길은 깊이 생각하고 또 생각해서 문제를 풀어나가는 방법을 찾아내는 데에 있다.

여기 나오는 사과 농장의 주인도 매우 난감한 처지에서 그 해결 방법을 찾고자 깊이 생각해 좋은 결과를 얻어 큰 손해를 면하게 된 사례이다.

문제 해결의 비결은 깊이 생각하는 데서 찾아야 한다. 반드시 해결하겠다는 문제의식을 가지고 끊임없이 생각에 몰두하면 본인도 상상할 수 없었던 좋은 결과를 얻게 될 것이다. 한두 번 생각하는 것으로 되는 일이란 거의 없다. 생각하고 또 생각하자. 문제의식을 가지고 생각에 몰두하자. 문제의식이야말로 발상의 에너지이다. 깊이 생각하는 데서 방법이 나오고 문제가 풀릴 것이다. 우리는 사고력을 넓히는 습관을 길들여야 한다. 그 습관이 어려운 문제를 해결해 주고 자기가 원하는 것을 성취시켜 주는 열쇠가 되어 줄 것이다.

한 가지로
승부하는 습관

한 가지 일에 몰두하자

우리 주변을 살펴보면 사소하고 중요하지도 않은 일에 얽매여 시간을 허비하는 사람이 있는가 하면, 이것저것 해보다가 귀중한 시간을 낭비하는 사람도 허다하다. 이로 인해 정작 필요하고 또 해야 할 중요한 일들이 뒷전으로 밀리는 상황이 되풀이되고 자기가 꿈꾸어 왔던 삶과는 전혀 다른 모습으로 살아가고 있는 자신을 발견하게 된다.

이러한 현상은 자기 인생에서 정말 하고 싶은 일이나 꼭 해야 할 중요한 일이 무엇인지도 알지 못한 채 중심을 잡지 못하고 방황하며 살아온 결과이다.

꿈을 이루며 인생을 살아가려면 자기가 하고 싶은 일과 그

중에서 잘할 수 있는 한 가지 일을 찾아내 거기에 전력투구하는 것이다.

그런데 사람이란 모든 일을 한꺼번에 잘할 수 있는 능력도 없으려니와 모든 일을 잘할 필요도 없는 것이다.

우리 속담에 '열두 가지 재주 가진 놈이 저녁거리가 없다'는 말이 있다. 이 말은 여러 가지 재능을 가진 사람이 한 가지 재능을 가진 사람보다 성공하기가 힘들다는 뜻이다.

여러 가지 재능이 있는 사람치고 깊이 있는 재주가 없고, 이것저것 하다 보면 어느 것 하나 제대로 하는 것이 없으니 굶어 죽기 십상이라는 것이다. 결국 사람은 한 가지 재주로 먹고 살게 되는 것이니 모든 일을 다 잘할 필요가 없는 것이다. 그래서 한 가지로 승부하라는 것이다. 한 가지만 잘해도 성공하며 보람 있는 인생을 살아갈 수 있다. 한 가지만 잘하는 사람이 그 분야의 전문가가 되어 꿈을 이룰 수 있는 확률이 높기 때문이다.

산화질소 연구로 1998년 노벨 의학상을 받은 미국 UCLA의 과대학의 루이스 J. 이그나로 교수는 학창시절에 과학을 제외한 다른 과목은 낙제수준이었지만, 한 가지 연구에 몰두한 결과 위대한 업적을 남겼다. 그런 그가 최근에 건국대학교에서 전국 중고생 1,000여 명을 만나 자신의 '노벨상 공부법'에 대한 흥미로운 이야기를 들려주면서 '성공하고 싶다면 IQ를 잊어라, 흥미 있는 분야에 한 우물을 파라'고 명언을 남겼다.

자기에게 흥미가 있고 또 잘할 수 있는 한 가지 일에 승부를 걸고 전력투구하면 누구나 소원하는 꿈을 이룰 수 있다는 것이다.

강점에 올인하라

근래 미국에서 베스트셀러가 된 『강점에 올인하라』라는 책이 있다. 네브라스카 대학의 교육심리학 교수 도널드 클리프턴 박사의 저서로서 특별한 성공의 길잡이로 주목을 받고 있다.

그는 인간의 약점 대신에 강점 연구에 매달린 끝에 인간의 강점을 최대로 활용하기 위한 '강점이론'을 확립시켰다. 이것은 우리가 소중한 시간과 노력을 낭비하지 않고, 꿈과 성공을 이루는 데 새로운 비전을 제시한 것이다.

강점이론은 한마디로 요약하면 '약점을 고치는 대신 자신의 강점에 시간과 에너지를 집중해 탁월한 성공을 얻자'는 것이다. 다시 말하면 약점을 고쳐야 성공할 수 있다는 착각에 빠져 많은 사람들이 약점을 고치려고 많은 시간과 노력을 기울이고 있지만, 실제로는 약점이나 문제점을 모두 고친다 해도 단지 약점과 문제점이 없는 평범한 수준에 머무를 뿐 탁월한 수준에 도달하는 것은 아니라는 것이다. 약점을 고치기보다는 자신의 강점에 더욱 노력을 집중하는 것이 꿈을 키우며, 성공을 이루는 지름길이 된다는 것이다.

클리프턴 교수가 말하는 강점이란 단순한 재능을 넘어서 반복적으로 성공의 결과를 가져오는 능력을 말한다. 따라서 그가 말하는 강점은 타고난 재능에 내면적 욕구를 더한 것이다. 우선 초보적인 관점에서 본 강점은 자기가 '잘하는 것'을 말한다. 말을 잘 한다거나, 피아노를 잘 치거나, 배구, 축구를 잘한다든지 하는 표면적으로 드러난 능력과 같은 것이다. 그런데 피카소나 윈스턴 처칠이 세계적인 화가가 되고 위대한 정치가가 된 것은, 단지 그림을 잘 그리는 능력이나, 뛰어난 웅변능력만으로 된 것은 아닐 것이다. 아마도 그들에게는 훌륭한 사람이 되고자 하는 강력한 내면적 욕구가 뒷받침되었기에 가능했을 것이다. 따라서 좀 더 넓은 관점에서의 강점은 앞에서 말한 '표면적인 능력'뿐만 아니라, 내면적인 욕구 즉 꿈을 이루고자 하는 강력한 욕구(자부심, 의지, 열정, 용기, 승부욕)까지 포함하는 것이다.

흔히 성공은 노력하기에 달려 있다고 말한다. 그래서 누구나 어떤 분야에서 열심히 노력만 하면 꿈을 이룰 수 있다는 착각을 불러일으킨다. 그러나 지금처럼 경쟁이 가속화되는 상황에서 탁월한 성공을 얻으려면 노력만으로는 충분하지 않다.

이제 자기의 강점을 찾아내 거기에 올인하는 습관을 길러야 한다. 그것이 자신의 꿈을 이루는 데 가장 빠른 길일 것이다.

적성에 맞는 일에
몰입하는 습관

적성도 갈고 닦아야 빛이 난다

적성이란 어떤 특수 분야에서 필요로 하는 기능을 쉽게 학습하고 그 기능을 성공적으로 성취할 수 있는 개인의 특수한 잠재능력이라고 학자들은 정의하고 있다.

이렇게 학문적으로 설명하면 적성이 너무 어렵게 생각될지 모르겠다. 쉽게 말하면 적성이란 자기가 하고 싶은 일 그리고 자기가 잘할 수 있는 일이 곧 적성이라고 말할 수 있다. 비록 학교 공부는 잘하지 못하지만, 그림 그리기를 좋아하거나, 노래를 잘 부르거나, 글짓기를 잘하거나, 손재주가 있는 등 어느 분야에 특별한 재능이 있기 마련인데, 그 일이 하고 싶고 또 한다면 누구보다도 잘할 자신이 있다면 그것이 바로 자기의 적성이라고 볼 수 있다. 그러므로 평소에 어떤 일에 흥미와 관심이 있는지 또 하고 싶은 일이 무엇인지, 그리고 자기가 남보다 잘할 수 있는 일이 무엇인지를 살펴보면 자신의 적성이 무엇인지를 발견할 수 있을 것이다.

그런데 각 개인이 스스로 이러한 적성을 발견하고도 그것을 계발하려는 노력이 없다면, 그 적성은 무의미하게 될 것이다. 그러므로 발견한 적성을 계발하려는 노력이 뒷받침될 때만 무엇인가를 성취할 수 있는 능력으로 발전될 수 있다. 그렇기 때문에 자기의 적성이 무엇인지를 빨리 찾고 그 일에 몰입해야 한다.

적성에 맞는 직업을 선택해야 한다

미국 최대의 항공기 제작회사인 보잉사의 사장이었던 피엘 존슨이 어렸을 때, 그의 아버지는 세탁소를 경영하고 있었다. 아버지는 아들 피엘이 가업을 계승해 주기를 바라면서 세탁소 일을 거들게 했다. 그러나 피엘은 세탁업이 질색이었다. 그 일 하기가 죽기보다 싫어서 일부러 태만했고 아버지의 뜻을 따르지 않았다. 그의 아버지는 몹시 실망한 나머지 종업원들 보기조차 부끄러워 견딜 수가 없었다. 어느 날 피엘은 작심하고 아버지께 자기는 기계공이 되고 싶다고 간청을 했다.

"뭐라고? 작업복을 입고 싶다고? 괘씸한 놈 같으니라고!"

아버지는 몹시 노했지만 피엘은 뜻을 굽히지 않고 자기가 하고 싶은 기계제작 공장에 취업해 일을 시작했다. 그는 기름투성이가 된 작업복을 걸치고 일에 몰두했다. 그는 집에서 일할 때와는 전혀 다른 모습이 되어 있었다. 그는 하는 일이 즐거워 휘파람을 불면서 일에 열중했다. 그는 공작기술을 배우기 시작했고, 엔진은 물론 모든 기계를 다룰 수 있는 숙련공이 되었다.

그리하여 1944년 아버지가 사망할 당시 그는 항공기 회사의 사장이 되어 제2차 세계대전을 미국의 승리로 이끄는 데 커다란 공헌을 한 이른바 '하늘의 요새 -B17'을 제작해냈다.

만일 그가 여전히 가업을 이어 받아 세탁업을 하고 있었다면 어떻게 되었을까? 아마도 부친의 사망 후 이어 받은 가업은 망하고 파산했을지도 모른다. 하기 싫은 일을 해서 성공한 예는 없다.

지금 하고 있는 것에 즐거움과 보람을 찾아야 한다

직업의 선택은 인생의 가장 중요한 문제이다. 인생에서 거의 40년 동안 직업을 갖게 되는데, 자기가 하는 일에서 즐거움을 얻지 못하고 보람을 찾지 못한다면 그처럼 불행하고 비참한 것은 없다. 우리는 자기가 하고 싶은 일을 찾아야 한다. 자기의 개성과 적성에 맞는 직업을 선택해야 한다. 그래야 하는 일이 즐겁고, 신나고, 재미있어 싫증이 나지 않는다. 그래서 또 열심히 일하게 되고 성과도 오르게 되고 보람도 생긴다.

러시아의 소설가이며 극작가인 막심 고리키는 '일이 즐거우면 인생은 낙원이다. 그러나 일이 의무라면 인생은 지옥일 수밖에 없다'고 했다. 이것은 하고 싶을 일에 몰입한다는 것이 얼마나 중요한가를 일깨워 주는 말이다.

우리 인생의 행복과 불행의 많은 부분이 직업생활과 깊은 관계를 갖는다. 우리는 직업선택을 심각하게 생각하고 신중하게 결정해야 한다. 직업과 적성이 일치하고 직업과 자기의 꿈이 일치한 사람은 더할 나위 없이 행복한 길을 가고 있는 사람이다. 지금 잘못된 진로 선택이나 직업의 선택으로 고민하는 청소년이 있다면, 지금 당장 하고 싶은 일로 바꿔라. 그것이 자신의 자리가 아니라고 생각하면 과감하게 포기하며 자신이 원하는 일, 자신이 잘할 수 있는 일이 무엇인가를 정확히 찾아 한 분야에서 최고의 사람이 되어야 하는 것이다.

적성에 맞는 일을 찾아라. 그 적성에 맞는 직업을 선택하고 몰입해야 한다. 그것은 자신의 꿈을 위해 살며, 꿈을 이루고 살고, 후회하지 않는 삶을 살 수 있는 지름길이다.

잠재의식의 힘을
활용하는 습관

잠재의식에는 무한한 힘이 있다

정신분석의 창시자인 프로이트는 인간에게는 두 개의 의식이 존재한다고 했다. 그 하나는 현재의식이고 또 하나는 잠재의식이다. 현재의식은 평상시의 의식적인 사고를 말한다. 우리가 TV를 보거나 신문을 읽거나 다른 사람과 이야기하면서 일상생활 속에서 여러 가지를 느끼고 생각하는 것, 또 달다, 짜다, 아프다, 가렵다, 뜨겁다, 차갑다 등의 지각도 현재의식에 속한다고 했다.

그런데 현재의식은 인간의 마음속에 불과 10%밖에 차지하고 있지 않고 나머지 90%는 잠재의식이라고 한다. 우리들이의식하지는 못하지만, 우리들의 행동 대부분을 지배하는 무의식의 힘이 바로 잠재의식인 것이다.

좀 더 자세히 설명을 하자면 우리들이 길을 걸을 때, 현재의식이 오른쪽 발을 보고 앞으로 나가라, 왼쪽 발에게 앞으로 가라고 일일이 명령하지 않아도 평소 습관대로 무의식적으로 손발이 움직이며 걸어가게 되는데 이것이 잠재의식의 작용이다. 또 자동차 운전의 경우, 처음에는 현재의식의 명령으로 기계를 조작하지만, 숙달이 되면 손발이 무의식적으로 움직이게 되어 운전을 자유자재로 할 수 있게 되는 작용을 무의식 또는 잠재의식이라고 한다.

잠재의식을 제대로 활용하지 못하는 이유

일반적으로 보통사람들은 1%에서 2%정도의 잠재능력을 활용하고 있지만, 아인슈타인 같은 천재는 잠재능력의 15%를 사용했다고 한다. 그렇다면 우리가 그의 절반만 활용한다고 하면 아마도 자신이 원하는 꿈을 충분히 실현시킬 수 있을 것이라고 생각된다.

그런데도 우리는 왜 그렇게 신비로운 무한한 힘을 가지고 있는 잠재의식을 활용하지 못하고 있는 것일까? 그것은 잠재능력을 제대로 알지 못해 그 활용의 필요성을 느끼지 못하고 있거나, 자기 자신이 그 잠재능력을 찾지 못했거나 가능성을 믿지 않기 때문이다.

따라서 우리 내면에 숨어 있는 잠재능력을 효과적으로 활용하기 위해서는 무엇보다 잠재의식의 힘을 인정하고 자기에게 숨겨져 있는 잠재능력이 있다는 것을 깨달아야 한다.

프랑스 철학자 T. S. 제프로어는 '잠재의식은 이를 믿으려고 하지 않는 사람에게는 그 힘을 발휘하지 않는다'고 했다. 그러므로 우리는 자신의 내면에 있는 잠재능력을 믿어야만 한다. 그래야 우리는 잠재능력의 힘을 활용할 수 있다. 잠재의식은 몇 번이고 반복해서 마음속에 뚜렷하게 새겨 놓으면, 그것을 반드시 실현하고야 마는 엄청난 힘을 지니고 있다. 여기 자신의 잠재능력을 믿고 잠재의식을 잘 활용해서 성공한 사람들의 사례를 알아보자.

이탈리아의 육체파 여배우 소피아 로렌은 항상 정열적인 연기와 미인으로 널리 알려진 세계적인 스타지만, 소녀 시절의 모습은 별로 매력이 없는 편이었다고 한다.

사실 소피아 로렌은 눈도 크고, 코도 크고, 입도 크고, 가슴도 크고, 히프도 크고, 키도 커서 모든 것이 지나치게 커 보여 괴상한 모습으로 보였을지도 모른다.

그런데 로렌은 매일 거울을 보면서 '나는 미인이다, 나는 미인이다!' 하고 자기암시를 주면서, 아름다움을 가꾸는 노력을 꾸준히 실천해서 마침내 '미스 로마'에 뽑히는 미인이 되었다고 한다.

이렇듯 잠재의식은 몇 번이고 반복해서 마음속에 자기의 소원을 뚜렷하게 새겨 놓으면 반드시 그것을 실현시키는 엄청난 힘을 지니고 있다. 이처럼 원하는 바를 셀프 이미지법을 이용해 장래의 자기 모습을 상상하면서 말로 표현해서 들려주면, 잠재의식을 통해 실제로 그런 일이 일어난다고 학자들은 말하고 있다.

이러한 자기암시를 '자기 성취적 예언'이라고 부르고, 자기 성취적 예언을 반복해서 최면을 걸듯 세뇌를 시키면 부지불식간에 모든 행동이 거기에 집중되면서 원하는 소원을 이루게 된다는 것이다.

우리들은 끊임없이 무엇인가를 원하고 있다. 생각의 씨앗을 잠재의식이라는 땅에 심고 있는 것이다. 그러나 잠재의식에는 심어진 씨앗을 자라게 할 수는 있어도 그 씨앗의 좋고 나쁜 것을 가려서 선택하거나, 좋은 씨앗인지 나쁜 씨앗인지를 판단하는 능력이 없다. 문제는 내가 나에게 어떤 암시를 잠재의식에 심느냐에 있다.

소피아 로렌은 자기가 원하는 바를 잠재의식에 놓고 언제나 그렇게 되기를 소원하며 노력했다. 또 이탈리아가 낳은 세계적인 테너 가수 카루소는 밤마다 '커다란 극장에서 초만원을 이룬 청중들로부터 우레와 같은 박수를 받는 모습'을 마음속에 그렸다. 헨리 포드는 '미국 안에 자기가 만든 자동차가 가득 찬 모습'을 그렸다.

이렇듯 성공한 사람들은 그 만큼 잠재의식을 잘 활용해 자기 성취적 예언을 달성했던 것이다.

그러면 이 놀라운 암시 작용을 활용하기 위해서 어떻게 해야 할까? 여기에는 그 만큼의 노력과 기술이 있어야 하지만, 가장 중요한 것은 자기가 원하는 바를 시각적인 이미지로 자기 마음속에 심는 것이다. 그리고 자기 성취적 예언을 반복해 다짐하면서 그렇게 되기 위한 노력을 기울인다면 잠재의식은 자기가 원하는 쪽으로 안내할 것이다.

잠재의식을 잘 활용해 미래를 개척하자

잠재의식은 놀라운 힘을 만들어 낸다. 이 잠재의식을 지혜롭게 활용할 수 있다면 우리가 원하는 밝은 미래를 개척할 수 있다. 그러나 무엇보다 중요한 것은 내가 내 마음에 어떤 암시를 잠재의식이라는 땅에 심느냐 하는 것이다. 왜냐하면 잠재의식은 심는 대로 자라기 때문이다.

『정신력의 기적』이라는 책을 지은 단 카스터 박사는 '사람이 무엇을 반복해서 생각하고 있으면, 정신력은 그것을 생각하고 있는 심상(心象) 그대로 실현시켜 놓는다'고 했다. 항상 그렇게 되기를 소원하며 노력하면 언젠가는 뜻을 이룰 수 있게 될 것이다.

이제 우리는 잠재의식의 힘을 활용하는 습관을 길들이자. 잠재의식은 우리의 소원을 이루도록 이끌어 줄 것이다.

닮고 싶은 성공모델을
벤치마킹하는 습관

꿈을 이루는 데도 법칙이 있다

많은 사람들이 성공하기를 원한다. 그러나 언제나 소수의 사람들만이 그 꿈을 이룬다. 모두가 나름대로 꿈을 이루려고 무척이나 노력을 하는데 도대체 뭐가 어려워 뜻을 이루기가 그렇게도 힘든 것일까?

이유는 간단하다. 무턱대고 열심히 노력하는 것만으로는 꿈을 이루기가 어렵기 때문이다. 물론 뜻을 이루려면 다른 사람들보다 몇 배 더 많은 노력을 기울여야 한다.

하지만 노력 못지않게 중요한 것이 있다. 그것은 성공의 법칙을 잘 알고 그것을 내가 잘 활용하는 일이다.

성공학자 앤터니 로빈스는 '성공하고 싶으면 철저하게 성공한 자를 흉내 내라. 이것이야말로 내가 터득한 성공의 법칙이었다'고 역설하고 있다. 그러면 대체 무엇을 흉내 내란 말인가? 그것은 단순히 성공한 사람을 모방하라는 뜻이 아니다. 본보기가 되는 사람의 진취적인 신념과 훌륭한 점을 조사 연구해서 무엇이 성공을 가져오게 만들었는지 그 경험과 노하우를 보고 배우면서 그 길을 계속 추구해 나가라는 것이다.

꿈을 이룬 사람을 모델로 찾아야 하는 이유

'인물이 되려면 인물을 만나야 한다'고 했다. 이 말은 훌륭한 인물이 되는 데에는 닮고 싶은 성공모델이 필요하다는 뜻이다. 많은 성공한 사람들은 어렸을 때부터 이미 나름대로 자기 자신만의 성공모델을 가지고 있었다는 것은 잘 알려진 사실이다.

미국의 빌 클린턴 대통령은 일찍부터 존 에프 케네디 대통령을 모델로 삼았으며, 영국의 토니 블레어 수상은 마가렛 대처 수상을 모델로 삼아 인생을 살아 왔다고 한다.

성공모델을 찾아야 하는 이유는 그를 통해 자기의 삶의 목표에 많은 조언을 받을 수 있을 뿐만 아니라, 그 사람의 성공비결을 알게 되면 그를 거울삼고 그것을 토대로 해서 거기에서 출발하게 된다면 그 만큼 성공에 이르는 지름길이 될 수 있기 때문이다.

성공모델을 찾는 방법

성공모델을 찾으려면 내가 본받을 만한 닮고 싶은 인물을 찾아야 하는데, 그 닮고 싶은 실제인물을 만나 역할모델로 삼는다는 것이 그리 쉬운 일이 아니다.

성공모델은 현존하는 인물에서 찾을 수도 있고, 이미 세상을 떠난 인물 중에서 찾을 수도 있다. 만약 학자가 되고 싶다면, 유명한 학자 중에서 찾아 볼 수 있고, 또 작가가 되고 싶으면, 널리 알려진 유명한 작가를 역할 모델로 삼을 수도 있다. 또 정치가가 되고 싶다면 존경하고 본받을 만한 정치가 중에서 찾아보고, 사업가가 되고 싶으면 유능한 사업가 중에서 선정할 수 있다. 또 가수나 운동선수가 되고 싶으면 그 방면에 뛰어난 가수나 선수 중에서 찾을 수 있다. 그러나 닮고 싶은 대상이 반드시 유명한 사람이어야 할 필요는 없다. 무명인이라도 상관없고 가까이 있는 사람이라도 상관없다. 여러분이 마음속으로 존경하는 인물이라면 그것만으로도 자격은 충분하다. 성공모델은 자기가 되기를 원하는 관심분야에서 나에게 에너지를 줄 수 있고 본받을 만한 존경하는 인물이어야 한다. 왜냐하면 내가 존경하고 따를 수 있는 사람이라야 진심으로 그의 모든 것을 받아들일 수 있기 때문이다. 또 그의 모든 것을 수용할 그런 마음가짐이 되어 있어야 그 성공모델은 여러분에게 무한한 아이디어와 경험과 문제 해결 능력을 가르쳐 줄 것이다.

그럼 어떻게 하면 이상적인 모델을 찾아낼 수 있을까?

이미 타계한 사람이라면 그의 저서나 자서전 등을 읽어야 하고, 현존하는 사람이라면 직접 만날 수 있으면 좋겠지만, 그렇지 못하면 그의 저서나 활동 상황을 살펴보아야 한다. 이를 통해서 무엇이 그를 성공하게 만들었는지 분석해 나에게 가장 적합한 모델을 찾아내는 것이다.

성공모델을 벤치마킹하라

자기의 이상적인 모델에 대한 자료 조사와 분석이 끝나면 그때부터 그 사람의 행동을 모방하기 시작하면 된다. 모방은 어떤 분야에서든 최고의 학습법이다.

존경할 수 있고 본받을 만한 사람이 있다는 것은 인생의 큰 재산이다. 여러분도 '이런 사람이 되고 싶다'고 생각하는 인물을 꼭 찾기를 바란다. 그러면 그 모델은 여러분에게 희망과 용기를 북돋아주고 경험과 조언을 통해 여러분의 앞길을 열어 줄 것이다.

도움을 청하고 배워라. 닮고 싶은 사람을 마음에 두고 그 사람이 하는 것을 벤치마킹하다 보면 자기도 모르는 사이에 그 사람을 닮아가고 있음을 발견하게 될 것이다. 그러므로 진정 내가 닮고 싶은 사람을 찾아 열심히 벤치마킹하는 습관을 들여야 한다.

세계적으로 명성을 얻고 있는 성공전도사인 브라이언 트레이시는 '누군가 해냈던 일이면 당신도 해낼 수 있다'고 힘주어 말하고 있다. 에이브러햄 링컨 또한 '어떤 사람이 크게 성공했다는 것은 다른 사람도 능히 해낼 수 있다는 증거'라며 용기를 내라고 말했다.

남들은 할 수 있지만 나는 할 수 없다는 나약한 생각은 버려야 한다. 남이 어떻게 해서 그 성과를 거두었는지를 알면, 그리고 그 길을 정확히 추구해 나아가면 자기도 같은 성과를 얻을 수 있는 것이다.

내 꿈을 이루는 데 도움을 줄 수 있는 가장 적절한 성공모델을 찾아라. 그러면 그 성공모델은 여러분에게 자극과 용기를 주며 조언을 통해서 여러분을 격려해 주고 이끌어 줄 것이며 필요한 에너지를 공급해 줄 것이다.

창의성을 살리는
습관

남보다 앞서려면 창의성을 발휘해야 한다

우리는 머지않아 사회에 나가 직장생활을 하게 된다. 그 직장에서 여러분은 평생을 평직원으로 지내기를 원하는가? 아니면 남보다 앞서 나가기를 원하는가?

아마도 평생을 평직원으로 남기를 원하는 사람은 없을 것이다. 인간인 이상 출세나 승진을 바라지 않는다면 그것은 거짓말이며, 누구에게나 출세나 명예욕은 있는 것이기 때문이다. 그런데 똑같은 일을 하면서 어떤 사람은 승진하고 어떤 사람은 뒤쳐지는 까닭이 무엇일까? 그것은 자기 직장의 이익을 가져오는 창조적인 일을 하고 있느냐 없느냐에 달려 있다. 똑같은 일을 다른 사람과 똑같이 하고 있어서는 진보도 승진도 바랄 수가 없다.

타인과 다른 것, 그리고 그 직장에 플러스가 되는 창조적인 일을 하지 않는 한 성공을 기대할 수는 없는 것이다. 다시 말하면 창의성을 발휘할 수 있어야 비로소 그 직장에서 빛을 볼 수 있다는 것이다.

창의력은 누구나 가지고 있는 능력이다

많은 사람들이 아이디어를 생각해내는 창의력에는 차이가 있다고 오해하고 있다. 그러나 창의력은 누구나 가지고 있는 능력으로, 결코 일부의 사람들에게만 있는 특별한 능력이 아니다. 다만 이를 충분히 살리고 있는 사람이 드물다는 것뿐이다. 왜 그런가? 창의력이란 아무에게나 있는 능력이 아니라는 선입관 때문에 자기에게는 그런 능력이 없다고 체념해버리고, 아예 깊이 생각해 보려고 하지 않기 때문이다.

놀랍고 획기적인 방안을 창출해내는 것만이 창의력은 아니다. 우리가 하고 있는 일 속에서 보다 효과적인 방법을 찾아내는 것도 훌륭한 창의력의 발휘인 것이다.

아무것도 의문을 가지지 않고 또 깊이 생각하는 일도 없이 생활하는 사람에게는 창의력 또한 잠들어 있기 마련이다. 그러

나 평소에 늘 이를 활용하고 훈련시켜 나가는 습관을 가진다
면 창의력은 끊임없이 신장되어 자기가 원하는 일을 성취시켜
나아갈 수 있을 것이다.

창의력을 발휘하는 사람들의 공통점

창의력을 발휘하는 사람들에게는 대개 다음과 같은 공통점
이 있다고 한다.

첫째, 강력한 문제의식을 가지고 있다는 점이다.
문제의식이란, 어떤 문제에 관해 '무엇인가를 해결하지 않
으면 안 된다'는 생각이 언제나 마음속에 끊임없이 제기되는
것을 말한다. '언제까지 이것을 해결해야 한다'든지 '어떤 목표
를 달성해야 한다'는 것과 같이 늘 생각하고 있는 것은 모두 문
제의식이라고 할 수 있는 것이다. 이러한 문제의식을 가지고 있
는 사람은 그 필요에 쫓겨 연구하지 않을 수 없게 되는 것이다.

둘째, 융통성이 있다는 점이다.
융통성이 없는 성격이나 그러한 사고방식의 습관이 배어
있는 사람은 새로운 아이디어를 생각해 내지 못한다. '이것이

아니면 안 된다'는 식의 고정관념에 사로잡혀 있는 사람도 마찬가지다. 융통성이 있어야 발상의 전환이 가능해져서 문제해결에 접근할 수 있게 되는 것이다.

셋째, 생각하고 또 생각한다는 점이다.

문제해결의 힌트를 얻는 비결은 끊임없이 생각하는 데에 있다. 한두 번 생각하는 것으로 되는 일이란 거의 없다. 수없이 생각하고 생각하면 언젠가는 좋은 아이디어가 떠오르기 마련이다. 이처럼 창의력은 끊임없이 생각하는 사람의 것이다.

창의성을 발휘해서 자기의 뜻을 성취한 사람들은 한결같이 직장에 도움이 되는 창조적인 아이디어를 제공함으로써 상사로부터 인정을 받는 사람들이다.

그들은 평소에 창의성을 발휘할 수 있는 훈련을 쌓는 습관을 가지고 있다. 이 같은 습관이야말로 자기계발의 수단이 되고 성공을 앞당기는 기술이 된다. 여러분도 창의성을 발휘할 수 있는 훈련을 쌓아 나가는 습관을 기르기 바란다.

창의력이야말로 우리의 생활을 향상시키고, 사회를 발전시키고, 국가를 발전시키는 강력한 원동력이 되는 것이다.

떠오르는 아이디어를
메모하는 습관

메모를 해두면 엄청난 부가가치가 창출된다

메모란 어느 순간 불현듯 떠오르는 기막힌 아이디어나 얻은 정보를 잊지 않기 위해 기록하는 것이다. 아이디어나 얻은 정보를 기록해 두면 엄청난 부가가치를 창출하는 아이템이 될 수 있다.

시인에게는 스쳐지나가는 단상을 붙잡아 그 순간적인 느낌을 적어 두면 훌륭한 시가 되고, 소설가에게는 메모된 기록들이 훌륭한 자료가 되어 풍성한 소설로 만들어진다. 또 순간적으로 떠오른 착상은 발명의 작은 씨앗이 된다. 위대한 발명이나 발견들은 모두가 이러한 순간적인 착상에서 비롯된 것이기 때문이다.

아이디어라 하는 것은 언제 어디에서 나올지 알 수 없는 것이다. 그리고 그것이 언제까지나 머릿속에 남아 있으리라는 보장도 없거니와 필요할 때 언제라도 끄집어 낼 수 있는 것도 아니다. 그래서 아이디어가 떠오르면 즉시 다른 일을 제쳐 놓고 메모를 해 두어야 한다.

인간은 망각의 동물이라고 한다. 사람들은 일정한 시간이 지나면 잊어버리기 마련이다. 아무리 기억력이 좋다고 하는 사람들도 며칠이 지나면 다른 중요한 일들에 밀려 가물가물 해지기 마련이다. 그래서 메모가 필요하다. 메모는 기억력을 보완해 주고 떠오르는 창의적인 아이디어를 기록하고 후에 당시 상황을 다시 생각하게 해 준다.

메모를 통해 성공한 사람들

제일은행 상품 개발팀의 박정일 팀장은 업무에 관한 제안을 하면 대부분 상을 받을 만큼 뛰어난 아이디어맨으로 유명하다. 그는 업무 효율을 높인 공로로 은행장은 물론 한국은행 총재의 최고상까지 수많은 상을 받으며, 일명 '히트상품 제조기'라는 명예로운 별명까지 얻었다.

그가 낸 아이디어만도 68건이나 채택되었는데, 그의 아이디어를 현실화시켜 만든 금융상품들은 대부분 성공했다. 이렇듯 창의적인 사고와 발상으로 우뚝 설 수 있었던 원동력은 다름 아닌 메모의 습관이었다.

그가 본격적으로 메모를 시작한 것은 1987년 영업점에 근무하면서부터였다. 상고를 나와 은행에 입사한 까닭에 그는 학력에서 대졸자에게 뒤쳐지는 처지였다. 메모를 시작하게 된 것도 자신의 이런 결점을 보완하기 위해 선택한 생존의 일환인 셈이다. 상품개발팀은 아이디어와 창의력이 없이는 버티기 힘든 곳이다. 그가 여기서 10년 넘게 근무할 수 있었던 것은 메모를 통해 끊임없이 아이디어를 생각해냈기 때문이었다. 이것으로 자신의 부족한 점을 보완할 수 있었고, 또 생존 경쟁에서 살아남을 무기가 되었던 것이다.

또 이니시스의 이금룡 사장은 메모와 스크랩 덕분에 최고경영자의 자리에까지 올랐다고 자부하고 있다. 법학과 출신이라 경제에 대해 많이 알지 못해 스크랩을 시작했는데, 신문이나 관련 잡지는 지식과 정보의 보물창고라 이것이 살아있는 현장의 경영학 교과서 역할을 해 줌으로써, 앞을 내다보는 통찰력을 키워 나갈 수 있게 되어 자신이 목표한 바를 이룰 수가 있었다.

그는 메모와 스크랩을 하지 않았다면, 간부나 임원, 최고경영자의 위치에 올랐을 때 일처리에 실수가 많았을 것이라며,

메모와 스크랩이 오늘의 자신을 만들었다고 해도 과언이 아니라고 말하고 있다.

이렇듯 메모광들은 메모를 통해 자신이 하는 일에 자신감을 얻었다고 공통적으로 말하고 있다. 메모를 통해 자신의 결점이나 부족한 것을 보완하고 자기의 단점을 장점으로 바꾸면서 누구에게도 뒤지지 않게 되었다는 것이다.

메모의 요령과 정리 방법

메모는 특별한 사람만이 하는 것이 아니다. 누구나 할 수 있으며, 자신의 분야에서 한 단계 발전하기 위해서는 반드시 시도해 볼 만한 가치가 있다.

신문이나 책을 읽다가 관심분야에 중요한 정보가 될 만한 내용이 있거나, 또 강연을 듣거나 산책을 하거나 대화를 나누다가 어느 순간 불현듯 기막힌 아이디어가 떠오를 때가 있다. 이를 놓치지 않고 메모해 두려면, 평소에 볼펜과 종이를 몸에 지니고 다니는 것이 비결이다.

그리고 메모한 것은 적당한 시기에 컴퓨터나 스마트 폰, 노트북에 저장해 필요한 때 언제라도 볼 수 있도록 주제별로 잘 정리해 두어야 한다.

우리도 메모광이 되어 보자

발명왕 토마스 에디슨도 메모광이었다. 머릿속에 떠오른 아이디어와 실험과정을 낱낱이 적어 둔 메모수첩과 노트는 무려 500만 장이 넘었다고 한다.

세기의 천재로 알려진 에디슨이니 아이디어가 필요할 때마다 머릿속에서 바로 발굴했을 것 같지만, 사실은 그도 평범한 인간으로 순간적으로 기발한 생각이나 아이디어가 떠오를 때마다 빠뜨리지 않고 열심히 메모하고, 여기에 다른 생각을 더해서 발명품을 탄생시킨 것이다.

이렇듯 메모를 통해 자기의 뜻을 성취한 사람들은 한결같이 스쳐 지나칠 수 있는 그 사소하고 순간적인 단상을 놓치지 않고 메모하는 습관을 가졌다. 이 같은 습관이야말로 꿈을 이루어 줄 수 있는 수단이 되고 성공의 지름길을 선택하는 기술이 될 것이다.

우리도 무엇인가 최고의 성과를 내려면 공부할 때나 그룹 토의를 할 때 메모하는 습관을 길러야 한다. 평상시 떠오르는 착상을 메모하는 사소한 습관이 여러분을 성공으로 이끌어 줄 것이다.